SVLTO

Bevor er zum Chronisten der Weimarer Republik wurde, schrieb Egon Erwin Kisch ab 1906 mehrere Jahre lang für die Zeitung *Bohemia* – und kaum jemand kannte die Prager Gassen und Nächte so gut wie er.

Mit dem Blick des Eingeweihten, der dem Neuling etwas erzählt, beschreibt er Szenen aus Spelunken rund um den Hradschin, in denen sich häufige Gäste der Polizei tummeln und die k.u.k. Soldaten kurz vor dem Ersten Weltkrieg ein Spottlied auf die Disziplin des Kanoniers Jaburek anstimmen. Den Jahrhundertspion Oberst Redl beobachtet Kisch bei der angeblichen Zahnbehandlung, und im jüdischen Viertel ist er dem Golem auf der Spur.

Doch zur Nachtseite der Stadt und ihrer Bewohner gehören auch Reportagen über das Asyl für Obdachlose, über Konflikte zwischen Tschechen und Deutschen sowie die Razzien, denen selbst Kisch nicht entgeht – hier zeigt sich der politisch engagierte Journalist.

Die traurig-schönsten Streifzüge aber widmet Kisch denjenigen, die an den Rändern seiner Heimatstadt allzu leicht aus dem Blick geraten und sich jeden Tag aufs Neue mit Chuzpe und guten Verbindungen über Wasser halten – und sei's nur, indem sie sich mit kleinen Tricks den Brückenkreuzer sparen.

»Wenn einer nicht ausgehn kann oder nicht ausgehn will, dann lese er Egon Erwin Kisch!«

Kurt Tucholsky

Egon Erwin Kisch

Das Lied von Jaburek

Prager Reportagen

Verlag Klaus Wagenbach Berlin

Inhalt

Dienstmänner auf dem Prager Obstmarkt

Eine Nacht im Asyl für Obdachlose

Eine Minute von der Elisabethstraße entfernt, in der alltäglich Fiaker, Automobile, Straßenbahnwagen, Equipagen und Droschken nach dem Baumgarten hinausfahren, zweigt von der Klemensgasse die Neumühlgasse ab. Sie ist keine Verkehrsstraße; vier scharfe Ecken bildend, kehrt sie zur Klemensgasse zurück. Hier ist nichts mehr von Promenade, nichts mehr von Luxusfuhrwerken zu merken. Nur wenige Passanten bevölkern sie. Abends jedoch sammeln sich hier Gruppen von Menschen an, die des Augenblickes harren, wo sich das Tor des Hauses Nr. 11 eröffnet, auf dem in großen schwarzen Lettern die Worte »Útulna« – Asyl – stehen.

In diesem Haus, das Eigentum des Prager Asylvereins für Obdachlose ist, habe ich gestern übernachtet. Bei einem Freunde, der in der nahen Sametzgasse wohnt, hatte ich mich vorher in Fulldreß geworfen. Den Rock, den ich anhatte, hatte voriges Jahr unser Dienstmädchen einem Bettler geschenkt, aber dieser hatte die Annahme des Geschenkes unter schweren Beleidigungen abgelehnt. Wenn in dem Hut, den ich aufgesetzt hatte, noch die Firmabezeichnung erkenntlich wäre, könnte man ihn als famoses Mittel für Erpressungen verwenden: Der Hutmacher würde jeden Betrag bezahlen, um diese seinen Namen tragende Schmach aus der Welt zu schaffen. Der Rock hatte zwar keine Fasson, aber dafür hatte er auch keine Farbe und Löcher, auf die jede Regimentsfahne stolz sein könnte. Die Risse der Stiefel waren durch die in sanften Wellenlinien hinabfallenden roten Socken teilweise verdeckt. Die Hosen – reden wir nicht davon.

So ging ich, in den wahrlich nicht verwöhnten Gassen des Petersviertels peinlichstes Aufsehen erregend, zum Asylhaus. Hier waren schon Gruppen von Obdachlosen angesammelt. Einige saßen auf dem Geländer, das die schmalen Anlagen der Klemenskirche umfriedet, andere auf den Stufen am rückwärtigen Kircheneingang. Etliche standen vor dem Eingang eines Gasthauses in der Klemensgasse, wieder andere an die Häuser der Neumühlgasse gelehnt. Auch Frauen waren darunter. Im ganzen etwa siebzig Leute. Ein Doppelposten der Polizei hielt Wache.

In der Gruppe, in der ich mich anstellte, war ein fünfzehnjähriger Bauarbeiter, der gerade von seiner Fußwanderung aus Triest in Prag eingetroffen war. Dann ein Prager Geschäftsdiener, elternlos und ohne Verwandte, der ohne Stellung war. Vor anderthalb Tagen hatte er bei einem ehemaligen Kollegen eine Suppe bekommen, seither hatte er überhaupt nichts gegessen. Unter anderen Umständen hätte ich diese Angabe vielleicht skeptisch aufgenommen. Aber hier konnte ich nicht daran zweifeln. Was für ein Interesse hätte er gehabt, die Kollegen, die gleich ihm arg im Bruch waren, zu belügen? Erwarten konnte er von ihnen ja nichts. Ich versprach ihm meine Suppenportion für den Fall, als ich, trotzdem ich kein Dienstbuch habe, in das Asyl eingelassen würde. Ich hätte einen verdorbenen Magen und könne nichts essen. Seither wich der Bursche nicht von meiner Seite, damit er in das gleiche Zimmer mit mir komme. Seine einzige Sorge, die er fortwährend zu mir äußerte, war die: »Ob man dich nur ohne Büchel hineinlassen wird?« Von Zeit zu Zeit kamen Besuche zu unserer Gruppe. Leute, die Arbeiter suchten. In meinem Leben habe ich nicht so viele Engagementsanträge erhalten wie vorgestern. »Bist du ein Müllergehilfe?« fragte mich ein wohlgenährter Herr, der auf unsere Gruppe zugetreten war. Nein, ich sei kein Müllergehilfe. Damit aber gab sich der Herr noch nicht zufrieden: »Willst du nicht in der Mühle arbeiten?« Ich müsse morgen abreisen, sagte ich, und der Vertrag war nun endgültig gescheitert.

Von den übrigen Aktionen, die nichts Geringeres zum Zwecke hatten, als meine wertvolle Arbeitskraft für verschiedene Unternehmungen wie einem Brückenbau, eine Schneiderwerkstätte et cetera zu gewinnen, sei noch eine erwähnt. Ein Bäckergehilfe kam zu mir: »Du bist ein Bäcker?« Wieder verneinte ich. »Das macht nichts«, sagte jener. »Du könntest heute nacht bei uns in der Werkstätte statt meiner arbeiten. Mein Mädel ist heute früh nach Prag gekommen, und ich möchte gern mit ihr ausgehen. Du brauchst nicht viel zu machen, nur soll der Alte nicht merken, daß einer fehlt. Ich gebe zwanzig Kreuzer.« Ich erklärte, daß ich ablehnen müsse. Ich hätte schon drei Nächte nicht geschlafen.

Die Arbeitgeber waren nicht die einzigen Personen, die um unsere Gunst warben. Zwei Frauen traten auf einzelne von uns zu und boten uns privates Logis an. Mich forderten sie nicht auf; ich sah sehr schäbig aus. Aber auch bei den anderen hatten sie kein Glück, da ihre Forderung zu hoch war. Je zwei hätten in einem Bette schlafen und jeder dreißig Heller zahlen sollen. Ein jüngerer Wanderbursche ließ sich in Unterhandlungen ein, aber ein erfahrenerer Genosse zog ihn zurück. »Unsinn! Im Asyl schläfst du allein im Bett, zahlst keinen Heller und kriegst noch zweimal Suppe.« Da mußte denn die Wohnungsvermieterin wieder abziehen.

Wir standen von drei Viertel sechs Uhr abends bis sieben Uhr. Dann wurde das Tor geöffnet, entweder weil der Hausvater sehen wollte, wieviel Leute draußen seien, oder weil irgendein Angestellter des Asyls eingelassen wurde. Das Öffnen des Tores war das Signal zur Vergatterung vor diesem. In weitem Bogen drängte sich die Schar der Obdachlosen. Die Frauen wurden in die erste Reihe gelassen. An sie schlossen sich, auf Anordnung eines alten Kunden, zunächst die Leute, die schon tags vorher die Gastfreundschaft des Prager Asylvereines genossen hatten. In den nächsten Reihen standen die

Obdachsuchenden, welche die Bestätigung ihrer Genossenschaft darüber in den Händen hatten, daß sie stellungslos und »auf der Walz« in Prag seien. Dann kamen diejenigen, die durch ihr Arbeitsbuch den Nachweis ihrer Arbeitslosigkeit führen konnten und deshalb das Anrecht auf Annahme in das Obdach der Obdachlosen besaßen. Zuletzt die Schar jener Burschen, die zwar stellungslos waren, aber schon zwei oder drei Tage im Asyl genächtigt hatten; sie wußten wohl, daß sie kaum wieder Einlaß finden würden, und berieten, wo sie im Falle ihrer Abweisung nächtigen würden. Die einen schwärmten von einer sehr schönen Scheuer in Žižkov, die anderen waren entschieden für den Stall eines Prager Einkehrhauses, wo es allerdings drei Kreuzer Quartiergeld koste, wieder andere propagierten eine Exkursion in den Kinskygarten oder den Karlspark.

Auch die drei anderen Schichten – jetzt waren auch die Obdachlosen, diese untersten Repräsentanten der menschlichen Gesellschaft in Gesellschaftsschichten geteilt – debattierten eifrig. Ein Alter, mit schwarzem Bart und Havelock, führte das große Wort. Das Thema der Debatte war nichts Geringeres als – die Frage der Landtagstätigkeit. Es war die finanzpolitische Seite, welche diese in Lumpen gekleideten Menschen am meisten interessierte. In der Naturalverpflegstation hatte man ihnen den Mangel verschiedener Gegenstände mit der Finanznot begründet, und deshalb waren viele für die Flottmachung des Landtages, aber einzelne waren dagegen, indem sie erklärten, wenn die Regulierung der Landstraßen wieder in vollem Maße aufgenommen werde, dann gäbe es wieder lauter Schikanen von seiten der Wegmeister.

Das neuerliche Öffnen des Tores machte diesen hochpolitischen Erwägungen ein Ende. Man ließ die Frauen – größtenteils beschäftigungslose Feld- und Fabrikarbeiterinnen – ein und schloß wieder. Dann, nach etwa zehn Minuten, die Männer. Ein Asylbediensteter rief die Gruppe aus. Einzeln wurde man eingelassen, jeder mußte sich legitimieren. Bei der Gruppe »Arbeitsbücher« fand auch ich mich ein.

»Wo hast du dein Arbeitsbuch?« fragte mich der Mann an der Pforte.

»Ich habe keines«, war meine Antwort. »Ich komme aus Reichenberg und wollte ins Spital. Aber man hat mich nicht aufgenommen, weil überfüllt ist.«

»Warum fährst du nicht zurück?«

»Ich habe kein Geld. Auf der Polizei werden sie mir ein Rückreisebillett geben. Aber erst morgen. Nachmittag wird nicht amtiert, und da haben sie mich hergeschickt.«

»Wer hat dir das gesagt, daß du hergehen sollst?«

»Der Offizial S...« Ich nannte den Namen des Beamten, der die Reiseunterstützungen aushändigt, und dies genügte, um den Auguren von der Richtigkeit meiner Aussage zu überzeugen. Aber er hatte noch eine Besorgnis: »Weshalb wolltest du ins Krankenhaus?«

»Ich habe Herzschwäche.«

Er sah mir forschend ins Gesicht, ob ich wirklich krank sei. Nun aber war ich – welch ein Zufall! – ausnahmsweise, ganz ausnahmsweise in der vorigen Nacht »auf dem Flam« gewesen und war blaß. Da ließ er mich denn aus Mitleid ein. »Ein Neuer!« rief er einem anderen Bediensteten zu, der auf der anderen Seite des Tores stand und Protokoll führte. Ich gesellte mich zu den anderen Obdachlosen, die sich im Hausflur drängten. Der Asylbedienstete wandte sich nun an die, die draußen harrten. »Ist noch jemand, der noch nicht zwei Nächte hier war?« Keine Antwort. »Gute Nacht, hochgeehrte Herren«, mit diesem ironischen Gruß schloß er das große Tor. Nun stellte sich ein Angestellter des Asyls auf die erste Stufe der Wendeltreppe und ordnete an: »Stiefel abputzen, Hemdkragen öffnen, paarweise antreten!«

Geräuschvoll wurde diesem Befehle Folge geleistet, und vom ersten Stock erscholl die zweite Order: »Die beiden ersten herauf!«

Nach etwa einer Minute: »Die beiden nächsten herauf.« Und so fort. Oben wurden alle eingehend nach Ungeziefer untersucht. Von Zeit zu Zeit hörte man von oben Schimpfen und Protestieren, und dann kam immer ein Obdachloser wieder die Treppe herunter: Man hatte bei ihm das Gesuchte gefunden... Das Tor öffnete sich, und der Paria ward entlassen. Ich war mit dem hungernden Handlungsdiener im Paar. Man fand nichts bei mir, und meiner Aufnahme stand nichts im Wege. Man wies mir ein Bett an.

In einem kleinen Zimmer, in dem vier Betten standen, wurde ich einquartiert. Meine Zimmergenossen zogen ihre Stiefel aus und nahmen je ein Paar der harten Lederpantoffeln, die auf dem Eisenofen lagen. Ich zog gleichfalls die »Batschkoren« an, setzte mich aber dabei auf das Bett. Das war ein Fehler, denn ein zufällig in das Zimmer tretender Angestellter des Hauses fragte mich sofort, ob ich eigentlich glaube, daß ich im Spital sei. Ich vermutete, daß dies eine rhetorische Frage sei, und beantwortete sie nicht. Damit gab sich der Asylbedienstete nicht zufrieden.

»Du bist aber ein Häuschen« (hajzl), meinte er. Was er damit sagen wollte, weiß ich nicht, aber ich vermute, daß dies ein Schimpfwort gewesen sei, da er gleich darauf die Mitteilung hinzufügte, daß ich ein »Bastard« (parchant) sei. Diese Angabe ist unrichtig; doch der Asylbedienstete konnte sich ja irren. Wieso er aber von mir behaupten konnte, daß ich ein »Lausbub« (všivák) sei, während doch die unmittelbar vorhergegangene Untersuchung vollständig negativ verlaufen war, ist mir unverständlich. Trotzdem habe ich es unterlassen, den Asylmann zu kontrahieren. Für einen künftigen Ehrenrat, der mich eventuell dafür zur Verantwortung

Eine Prager Volksküche

ziehen würde, daß ich grundlose Beschuldigungen nicht mit der ritterlichen Forderung durch die Waffe beantwortet habe, sei gleich vorweg bemerkt, daß meine Kartellträger in das Asylhaus überhaupt nicht eingelassen worden wären, da man eines Arbeitsbuches oder des Nachweises einer Gewerbeausübung unbedingt zum Eintritte bedarf.

Der Asylbedienstete, dessen Groll ich mir zugezogen hatte, kam nach einer Pause von etwa zehn Minuten wieder in unser Zimmer. Diesmal war seine Mission viel sympathischer. Er legte jedem von uns ein Stück Brot auf das Bett und bestimmte dann zwei von uns zum Holen der Suppe. Ich – war ich doch sein Feind! – war einer von den zweien. So ging ich denn mit meinem Arbeitsgenossen die Stiegen hinunter in den ebenerdig gelegenen Küchenraum. Hier stand ein Holztablett für uns bereit, das mit fünf gefüllten Blechtassen beladen war: die Suppe. Wir beförderten die Ladung in unser Zimmer. In den Blechtassen stak kein Silberlöffel, sondern bloß ein schlichter Zinnlöffel, was wohl der Grund dafür gewesen sein mag, daß jeder meiner Zimmergenossen den Gebrauch des Löffels verschmähte und den Inhalt direkt aus der Schale trank. Ich verkostete einen Löffel und erfüllte dann das Versprechen, dem hungrigen Handlungsdiener meine Suppenportion zu schenken, leichten Herzens. Leichten Herzens, weil mich die ungewohnte Auftischung des Kuverts beeinflußt hatte. Den anderen aber schmeckte die Suppe ganz famos, wie an ihren behaglichen Mienen zu erkennen war.

Ich benützte die Souperpause, um in den Räumen des Asyls Umschau zu halten. Einzelne Zimmer waren doppelt so groß wie das unsrige und beherbergten dementsprechend die doppelte Anzahl von Betten. Im ganzen sind in den beiden Stockwerken, die für die Männer bestimmt sind, achtundsiebzig Betten untergebracht. Es sind eiserne Kavalletts, die einen Strohsack, einen Roßhaarkopfpolster, eine benähte Drillichdecke und ein ziemlich reines Leintuch enthalten. Überhaupt herrschte auf den Wänden und Fußböden der Schlafsäle, auf den Gängen, Stiegen und auf der die ganze Front umgebenden Pawlatsche eine peinliche Sauberkeit – kein Wunder bei der eisernen Disziplin, über die ich kurz vorher in so energischer Weise belehrt worden war.

Als die Suppe verzehrt und die Holztasse samt den Suppennäpfen unter meiner Mitwirkung wieder in die Küche getragen worden war, setzten wir uns auf die Stühle, und es begann die Konversation. Schon die Art des Bekanntwerdens war eine viel bessere, als sie in der Gesellschaft üblich ist. In den Salons geschieht die Vorstellung durch eigene Initiative, sie ist aufdringlich, jeder gleichgültige Mensch stellt sich jedem gleichgültigen Menschen vor und nennt seinen gleichgültigen Namen, der überhaupt nicht verstanden wird. Im Asyl fragt einer den anderen: »Was für einen Beruf hast du?« Mit der Antwort ist alles Wissenswerte über den Schlafgenossen gegeben. Nach dem Namen wird nicht gefragt. Namen sind Schall und Rauch.

Ich erfuhr, daß mein Bettnachbar zur Linken ein Kanalräumer beziehungsweise ein Kutscher sei, der nur in den letzten vierzehn Tagen mangels anderer

Beschäftigung der Prager Gemeinde nächtlicherweile beim Entleeren der Kanäle behilflich gewesen, aber gerade tags vorher wegen allzu großer Trunkenheit im Dienst entlassen worden war. Er war übrigens nicht bös darüber: »Länger als vierzehn Tage bin ich ohnedies seit zehn Jahren in keiner Stadt gewesen.«

Das Bett zu meiner Rechten hatte mein neuer Freund, der Handlungsdiener, inne, links von dem Kanalräumer war ein Zuckerbäckergehilfe aus Hartburg bei Graz, der von dort geradewegs zu Fuß nach Prag gekommen war. Bei diesem kam ich durch ungeschickte Beantwortung seiner Fragen in den Verdacht, ein Protz zu sein. Er fragte mich nämlich, ob ich schon in Hamburg gewesen sei, und ich bejahte.

»Wie ist's dort im Asyl?«

Ich mußte wahrheitsgemäß antworten, daß ich dies nicht wisse. Ich hätte bei einem Freunde geschlafen, sagte ich. »Und wie weit ist es von hier?«

»Zu Fuß?« schlüpfte mir als Gegenfrage aus dem Mund, und das war dumm.

»Willst mi eppa pflanzen?« fuhr er mich bös an. »I wer doch net im Fiaker hinfahren!«

Zum Glück machte der Kanalräumer, der sich auch jahrelang in Deutschland herumgetrieben hatte und nicht nur Deutsch, sondern auch Italienisch – der Verkehr mit den italienischen Erdarbeitern brachte das mit sich – verstand, weiteren Angriffen des steirischen Zuckerbäckers gegen mich ein Ende. Er teilte ihm mit, daß er von Prag nach Hamburg etwa zwölf Tage zu gehen habe, wenn er täglich fünfzig Kilometer zurücklege. In Hamburg gebe es zwei Asyle, er möge aber nicht in das Polizeiasyl gehen, denn dort werde jeder Kunde photographiert. Auch im Asyl der Magdeburger Arbeiterkolonie möge er sich nicht aufhalten; dort müsse man vor der Aufnahme das Arbeitsbuch abgeben und müsse Holz sägen und hacken, »ärger wie im Arbeitshaus«. Dann gab der Kanalräumer dem

Zuckerbäcker noch einige geographische Ratschläge. Er beschrieb ihm den Weg, den er einschlagen müsse, um vier Heller Überfuhr zu ersparen, und nannte ihm die Straßen, auf denen gute Zwetschgen zu erhaschen seien. Auch über die Schubverhältnisse, über die Handhabung des Vagabundagesetzes und über die Naturalverpflegstationen und die Herbergen in den einzelnen Orten sagte er dem Zuckerbäcker manch kräftiges Wörtlein.

Während des Gespräches zog der Kanalräumer wiederholt ein Fläschchen aus der Tasche und stärkte sich. Schließlich war der Schnaps alle.

»Hol's der Teufel, daß man hier kein Bier kriegt«, brummte der Kanalräumer wütend.

»Ich wär wieder froh, wenn ich rauchen könnte«, sagte ich, um etwas zu sagen.

»Hast du denn ein Stückchen Zigarette?« meinte jener mit lauerndem Blick. »Ich würde mich draußen einsperren und rauchen.«

Ich brach in der Tasche eine »Sport« in die Hälfte und reichte meinem Schlafgenossen eine Hälfte. Der hatte sie kaum in der Hand, als sich schon der Zuckerbäckergehilfe an ihn herandrängte und ihn flehentlich bat: »Schenk mir ein Stückel.« Da wurde denn die halbe Zigarette redlich geteilt.

Um neun Uhr verlosch das Gaslicht. Ich benützte die Dunkelheit, um mich in Kleidern auf das Bett zu werfen. Während der Nacht schloß ich kein Auge. Rechts neben mir schnarchte der postenlose Geschäftsdiener wie ein Lokalbahnzug, links neben mir stieß der Kanalräumer in seinem alkoholschweren Schlaf wüste Drohungen gegen irgendein Mädel aus, von dem er träumte. Aus dem Nebenzimmer drang in Intervallen von je zwei Minuten ein Husten herein, als ob der Mann zu ersticken drohe. Es dauerte lange, lange, bevor es sechs Uhr wurde. Endlich aber schrillte eine Glocke: Reveille. Alles kleidete sich an und machte das Bett zurecht. Bald darauf kam der Aufseher und besah das Werk kritischen

Auges. Hier fand er die Decke zuwenig geglättet, dort war das Leintuch unten zusammengefaltet statt unterhalb des Kopfpolsters. Schließlich verließ er uns, um auch die Nachbarräume mit seiner Inspektion zu beehren. Als er wiederkam, legte er jedem von uns einen »Pandur«, einen runden Wecken, auf das Bett, und wir durften wieder Suppe holen.

Nach einer halben Stunde ertönte ein lauter Ruf des Asylvaters: »Magazin!« Das war das Aviso für die Obdachlosen, sich um den bis dahin versperrten Schrank zu scharen und daraus die Ranzen und Kofferchen in Empfang zu nehmen, die sie hierher in Verwahrung gegeben hatten. Um sieben Uhr wurde das Tor geöffnet, und der Strom der Obdachlosen mündete wieder in die Stadt. Der Doppelposten der Polizei stand wieder da und schaute uns mißtrauisch an.

Die meisten der Obdachlosen begaben sich zunächst in die Arbeitsvermittlungsanstalt im »Alten Gericht«, dann in jene von Žižkov. Ohne das Visum dieser beiden Institute finden sie anderswo weder eine Genossenschaftsunterstützung noch Aufnahme im Asyl. Ich schlich mich wieder in das Haus in der Sametzgasse, in dem mein Freund wohnte. Der Hausbesorger und die Hausbewohner, die mir begegneten, blickten mir mit unverhohlenem Mißtrauen nach, bis mir die Wohnungstüre geöffnet wurde. Nun restaurierte ich mich soweit, um kein Refus von seiten eines Droschkenkutschers erwarten zu müssen, und fuhr dann nach Hause. Hier angekommen, telephonierte ich ins Büro, daß ich wegen Unwohlseins fernbleiben müsse. Ich gedachte einen langen Schlaf zu tun. Vorher habe ich aber noch gründlich gebadet – eine Tatsache, die zwar selbstverständlich ist, die ich hier aber im Interesse meiner nicht obdachlosen Bekannten doch besonders registrieren will.

Mauteinnehmer auf der Kaiser-Franz-Brücke

Geschichten vom Brückenkreuzer

Man kann freilich von einer Brücke nicht verlangen, daß sie außer einem Fluß auch noch die sozialen Gegensätze überbrücken soll. Aber die Prager neuen Brücken verschärfen diese Gegensätze noch, denn die Armen haben jetzt oft einen nahen Weg vor sich und müssen doch – um den Brückenkreuzer zu ersparen – den Umweg über die älteste Brücke, die unentgeltliche Karlsbrücke, machen. Durch die Prager Brücken werden zwar die Stadtteile verbunden, aber die Bewohner dieser Stadtteile haben keine Ursache, dafür verbunden zu sein. Denn der Brückenkreuzer ist eine Unbequemlichkeit für die Reichen, eine empfindliche Ausgabe für die Armen. Jedesmal, wenn man in Prag eine Brücke schlägt, so schlägt man dem modernen Verkehrswesen ein Schnippchen und die Logik aufs Haupt, indem man je ein Mauthäuschen an die Brückenenden setzt.

Das Vergnügen, in den verschiedenartig duftenden Anlagen des Stadtparkes und auf dem von Alpinisten sehr geschätzten Pflaster der Prager Straßen zu promenieren, hat man ganz umsonst. Aber die Notwendigkeit, über eine Brücke zu gehen, die muß man bezahlen. Obwohl das Prager Pflaster noch teurer ist als die Prager Brücken. Von der Verkehrshemmung, welche die Einhebung der Brückenmaut bedeutet, gar nicht zu reden. Man stelle sich vor, daß auf der Weidendammer oder auf der Potsdamer Brücke in Berlin jeder Passant stehenbleiben, jedes Auto stoppen müßte, um zwei oder fünf Pfennige zu bezahlen. Auch der gemütliche Wiener würde wohl verteufelt ungemütlich werden, wenn er sein »letztes Kranl« wechseln müßte, um über die Aspernbrücke gehen zu dürfen.

Aber es wird uns doch ein Äquivalent für die Entrichtung des Brückenzolls geboten. Das sind die Straßenbilder und die Geschichten, die sich auf diese Institution gründen und um die uns jede andere Stadt beneiden muß. Hier fleht ein Bettelweib mit weithin hörbarem Weinen die Gnade des Brückentyrannen an, dort nimmt ein kleines Kindermädchen den ihr anvertrauten fünf Jahre alten Bengel keuchend auf den Arm, hier schlängelt sich ein Gamin zwischen zwei Straßenbahnwagen auf die Brücke, dort springt ein Prager »Pepik« vor dem Mauthäuschen auf die Elektrische, um jenseits des Häuschens wieder abzuspringen – alles, um zwei Heller zu ersparen.

Auch andere Typen und Geschichten sind bekannt. Ein Einjährig-Freiwilliger hat den Brückenkreuzer prinzipiell – »ich lasse mir nichts schenken« – bezahlt, trotzdem ihn die Uniform zu freiem Eintritt berechtigte. Von dem Jungtürken, der es absolut nicht verstehen konnte, wie ein fremder Mann auf offener Brücke von ihm ein Bakschisch zu verlangen wagte, und dem schließlich eine hundertköpfige Menschenmenge zu Hilfe kam, war im November des vorigen Jahres in allen Blättern zu lesen. Der uralte Ulk des Defilees im Gänsemarsch ist bei den Bewohnern des Mauthäuschens gar nicht beliebt, weil sich diese die Mühe nehmen müssen, die Teilnehmer des Zuges, für die der letzte zahlen soll, genau zu zählen. Zum Glück läuft der zahlungspflichtige Letzte gewöhnlich davon, so daß ein Rechenfehler ohnedies gleichgültig ist. Es gibt viele solcher Scherze.

Rückte da neulich ein Marsjünger in Zivilkleidern, nur an der keck über dem linken Ohre baumelnden Mütze als k.u.k. Infanterist kenntlich, vom Ernteurlaub nach Prag ein. An dem Smichower Ufer streckte ihm der Zöllner begehrlich seine Hand entgegen. Der Urlauber aber verweigerte die Zahlung

Die Niklasbrücke (heute Čechův most) mit Blick auf die Altstadt. Rechts auch hier das Mauthäuschen

des Tributs. Er sei Soldat, und als solcher brauche er keinen Kreuzer zu zahlen. Der Mauteinnehmer wies auf die Zivilmontur des Widerspenstigen, dieser legitimierte sich mit seinem Urlaubsschein als Angehöriger der Armee. Da die Frequenz auf der Brücke gerade sehr groß war, so hatte sich bereits ein stattliches Häuflein von Zuschauern um die streitenden Parteien geschart. Nun konnte der Zöllner erst recht nicht nachgeben, wenn er nicht sein Ansehen einbüßen wollte. Aber auch dem Krieger kam es nicht in den Sinn, der Klügere zu sein, und er bestand auf seinem Schein. Wer weiß, welche Dimensionen der Rechtsstritt genommen hätte, wenn nicht zufällig ein Einjährig-Freiwilliger des Weges gekommen wäre, der in hilfsbereiter Weise für seinen Fahnenbruder zwei Heller auf das Opferbrett der Stadtgemeinde niederlegte? Der also losgekaufte Urlauber aber setzte seinen Weg nicht sogleich fort, sondern eilte in die genau gegenüber dem Mauthäuschen auf der Brücke gelegene Tabaktrafik. Er kaufte sich für die ersparten zwei Heller zwei »Drama«-Zigaretten und zog, die eine »Drama« zufrieden im Munde haltend, die andere kokett hinter dem Ohre, unter dem Lachen des Publikums so stolz über die Brücke, wie einst im Mittelalter siegreiche Belagerer über die endlich heruntergelassene Zugbrücke in die Burg des Feindes gezogen waren.

Einmal hatte einer meiner Couleurbrüder zur endlichen Bezahlung seiner Schulden zweihundert Kronen erhalten. Kaum hatte er uns von diesem sensationellen Ereignis auf unserer Bude, die sich in dem Gasthaus auf der Judeninsel befand, in Kenntnis gesetzt, als wir auch schon beschlossen, damit dem Brückenmann der Franzensbrücke einen Streich zu spielen. Zehn Burschen wurden je mit einer Zwanzigkronennote beteilt, selbstverständlich erst nachdem sie sich »auf Grand-Cerevis« – die Eidesformel beim Biertisch – verpflichtet hatten, sie wieder zurückzustellen. Nun ging es dem Mauthause zu. Der erste von uns reichte dem Zöllner die Banknote, und dieser gab murrend 19 Kronen, 98 Heller zurück. Dann kam der zweite, und gleichzeitig streckten acht andere Hände dem Mauteinnehmer die Banknoten zu. Der gute Mann war entsetzt. »Es könnte doch einer für alle Herren zahlen«, wandte er ein. »Wir kennen einander ja gar nicht«, war unsere Antwort. Nun wollte uns der Einnehmer mit großmütiger Gebärde die Entrichtung erlassen. Aber wir wollten uns keinesfalls unserer Prager Bürgerpflicht begeben, wollten den Stadtsäckel nicht schädigen. Schließlich machte Meister Zöllner dem Konflikt ein Ende, indem er sich in seine Hütte verkroch. Da mußten wir denn doch von dannen, ohne unserer Bürgerpflicht Genüge getan zu haben. Wahrscheinlich hat sich der Zöllner darüber ins Fäustchen gelacht. Wir aber lachten laut.

Einmal zogen wir aus der »Quelle« in Bubentsch nächtlicherweile nach Prag. Als wir zum Kleinseitner Brückenkopf des Kettenstegs kamen, schlief der Zöllner bereits den Schlaf des Gerechten, und an seinem Fenster war der Holzladen heruntergelassen, denn drüben am andern Ufer versah der andere Mauteinnehmer – wie allnächtlich – für ihn den Dienst. Schon wollten wir weckend an die Bude klopfen, als uns ein üppig gelaunter Kommilitone davon abhielt. Er legte still einen Kreuzer auf das Brett vor dem geschlossenen Schalter und befahl uns, ihm in einer Distanz von einigen Schritten über die Brücke zu folgen. Bei der Josefstädter Brückenmündung trat ihm der Zerberus mit heischender Hand entgegen. Unser Freund tat sehr erstaunt. Er werde doch nicht zweimal zahlen, man zahle doch nur beim Betreten der Brücke und das habe er getan.

»Das ist eine Lüge«, erklärte der Brückenhüter, »drüben ist ja geschlossen. Sie müssen hier bezahlen.«

»Ob drüben geschlossen ist, geht mich nichts an. Darauf habe ich nicht geachtet. Ich habe drüben bezahlt, wie ich immer beim Betreten der Brücke zahle.«

Der Zöllner rief die heilige Hermandad herbei. Der Wachmann kam, und mein Freund verlangte die Sicherstellung des Mauteinnehmers, da er von diesem durch das Wort »Lüge« beleidigt worden sei. Der Zöllner leugnete nicht.

»Der Herr hat behauptet, drüben gezahlt zu haben, und das ist eine Lüge!«

Unser Freund verlangte nun erregt, der Wachmann möge konstatieren, ob der Kreuzer wirklich drüben liege. Dies werde bei der Verhandlung in der Ehrenbeleidigungsklage das wichtigste Moment sein. Das sah der Wachmann ein und war bereit, mit unserem Freunde auf das jenseitige Ende der Brücke zu gehen. Der Zöllner, der eine eventuelle Beeinflussung des Polizisten vermeiden wollte, sperrte seine Bude und ging mit. Wir hinterdrein. Als der Zug wieder glücklich auf der anderen Seite war, erblickte man das künftige Corpus delicti: Der

Kreuzer lag friedlich auf dem Schalterbrett. Mit majestätischer Handbewegung wies unser Freund auf ihn. Der Brückner war geschlagen. Schon wollte er mit mißmutiger Gebärde den Kreuzer an sich nehmen, als unser Kommilitone herzusprang und ihn einsteckte.

»Über eine Brücke, auf der man die Passanten derart behandelt, gehe ich nicht. Wir gehen über die Elisabethbrücke.« Und zum verdutzt dastehenden Zöllner gewandt, fügte er hinzu: »Auf diese Weise treiben sie alle ihre Kundschaften der Konkurrenz in die Arme.«

Café Kandelaber

Der Menschheit ganzer Jammer faßt mich an, wenn ich so um fünf Uhr früh beim Café Kandelaber mein Frühstück verzehre. Es ist zwar ein famoser Trunk, der achtziggradige, mit angenehm im Magen flammendem Rum vermengte Tee, der hier kredenzt wird – aber er bleibt doch nur ein Frühstück, ein verteufelt kategorischer Schlußpunkt nach einer schönen, kaum begonnenen Nacht. Das ist es, was mich grollen macht. Ich bin bös auf die ganze Welt. Es ist aber auch wirklich zu arg mit ihren Einrichtungen. Jedes Schulkind weiß zum Beispiel, daß der Erfinder der Dampfmaschine James Watt hieß. Weil dieser beim Brodeln eines Teekessels auf die Idee kam, die Dampfmaschine zu erfinden. Auch schon etwas? Ein anderer Erfinder, der wohl beim Vorbeifahren einer Dampfmaschine, sei es einer Lokomotive oder einer Lokomobile, auf die Idee kam, sie als Teekessel zu verwerten, ist keinem Schulkinde bekannt, seinen Namen meldet kein Lied, kein Heldenbuch. Und doch ist die Verwendung der Lokomotive als Teekessel – das Café Kandelaber – eine Erfindung, die Hunderten von müden Pilgern im nächtlichen Prag die Wohltat eines aufpulvernden, wärmenden Trankes gewährt. Der Name eines solchen Wohltäters wird in der Weltgeschichte nicht verzeichnet! Ich muß meinen Groll hinunterspülen.

»Frau Jemelka, noch einen Achtziggradigen, Zwanzigprozentigen um fünf, etwas zum Aufweichen und zwei Retten.«

Frau Jemelka stellt ein Glas unter die Mündung des Messingrohres, dreht den Hahn nach rechts und läßt die Essenz in mein Glas rinnen, in welches nun das heiße Wasser kommt. Dann sucht sie mir eine Mohnbuchte zum »Aufweichen« aus und gibt mir zwei »Sport«. Sie weiß ganz gut, daß mit der

Der Graben (Na příkopě), die Hauptstraße Prags, mit elektrischer Straßenbahn (um 1905)

Bestellung der Retten – so wird der Ausdruck »Zigaretten« in vorgerückter Nachtstunde abgekürzt – nur »Sport« gemeint sein können, damit die Zeche die runde Summe von zwanzig Heller ausmache.

Jawohl, bloß zwanzig Heller! Man zeige mir, bitte, ein Kaffeehaus, wo für dieses Geld ein warmes Frühstück mit Mehlspeise und Zigaretten erhältlich ist. Dabei habe ich noch die feinere Teesorte, die um zehn Heller – nobel muß die Welt zugrunde gehen! –, getrunken und »Sport«, statt der billigen und hier bedeutend stärker verlangten »Drama«, geraucht.

Frau Jemelka steckt das Zwanzighellerstück in eine Blechbüchse, die ihr als feuer- und einbruchssichere Kassa dient. Zwölf Prozent gehören der »Cafetiere«, die nichtselbständige Unternehmerin ist, sondern eine Angestellte der Kleinschen Likörfabrik vom »Roten Stern« in Karolinental. Das fahrbare Teehaus ist Eigentum der Kleinschen Fabrik, und diese liefert die Essenz, die Tee, Rum und Zukker enthält. Den Erlös der verkauften Quanten, abzüglich der Provision von zwölf Prozent, muß Frau Jemelka abführen.

Keine Angst, die gesetzte, ins Pragerische transponierte Geisha kommt trotz alledem auf ihre Kosten. Das ambulante Teehaus, das manchen nächtlichen Passanten nährt, nährt auch seinen Mann. Im Winter kommen die Bettmeider frierend zu dem Teeverschleiß, um sich an dem behaglichen Koksofen zu wärmen, im Sommer aber gibt es zahllose Menschen, welche den im Einkehrhaus »U valšu« zu entrichtenden Logierpreis von zwanzig Hellern als eine überflüssige Ausgabe betrachten und lieber in der lauen Luft der Gassen umherspazieren. Die statten dann dem Café Kandelaber längere Besuche ab und geben oft dreimal soviel Geld aus, als das Nachtquartier kosten würde.

Außerdem haben die Kandelaber-Cafetiers noch ganz gute Nebeneinkünfte. Wenn irgendein Neuling kommt – an der Frage nach dem Preise eines Glases Tee ist er erkennbar –, dann wird ihm statt der feinen, der Zehn-Heller-Essenz, die Acht-Heller-Essenz gereicht, aber das Greenhorn muß den teureren Preis bezahlen. Oder wird der Hahn des Kesselrohres zurückgedreht, bevor das vorschriftsmäßige Quantum der Essenz herausgeronnen ist. Wehe aber, wenn der Teemann eine solche Manipulation bei einem gewiegten Bummler in Anwendung bringen wollte! Der weiß ganz genau, daß der rechte der beiden durch ein festes Schloß vor Verfälschung oder Verwässerung durch den Kandelaberwirt geschützte Kessel die teure, der linke Kessel die billige Essenz birgt, und der wacht mit Argusaugen darüber, daß kein Tröpfchen der vorgeschriebenen Essenzmenge im Rohre des Kessels bleibe. Der würde für einen Übervorteilungsversuch Worte finden, die selbst in dem Milieu des Café Kandelaber ihre Wirkung nicht verfehlen würden.

»Café Kandelaber.« Eigentlich haben die gastlichen Lokomotiven, die in der Nacht an den Straßenecken Station machen, offiziell einen anderen Namen. »Ambulance heißer Getränke« steht mit goldenen Lettern auf der Wagenfront. Aber der Ausdruck hat sich nicht eingebürgert. Er trifft auch nicht mehr so recht zu. Freilich ist das Teehaus ambulant, und um die neunte Abendstunde kann man das nicht mehr ungewohnte, darum aber nicht minder seltsame Schauspiel genießen, eine Lokomotive mit einer vorgespannten Dogge durch die Straßen fahren zu sehen. Dann aber bezieht sie ihren Standplatz, den sie jahraus, jahrein innehat, der Hund kuscht sich zwischen den Rädern, und Wagen und Hund rühren sich bis zum Morgengrauen nicht von der Stelle. Früher, vor etwa dreißig Jahren, war das anders. Da fuhr der Teemann durch die Straßen und machte nur auf Anruf eines hungrigen oder durstigen Passanten halt. Dieses Geschäft, das nur auf dem Zufall einer solchen Begegnung aufgebaut war, rentierte sich nicht. So zogen sich denn die Kandelaber-Cafetiers resigniert an die Ecken der Gassen oder an die Kandelaber der Plätze zurück. Und siehe da! Kaum hatte sich der Planet in einen Fixstern verwandelt, so war er schon beliebt. Da der Berg nicht mehr zum Mohammed kam, da kamen die Mohammedaner zum Berg. Der Ausdruck »Café Kandelaber«, dessen beide Worte so prächtig miteinander kontrastierten, wurde populär, und er ist dieser Erfrischungsstelle bis zum heutigen Tage geblieben, obwohl jetzt eine Verwechslung möglich wäre, da sich ein findiger Wirt für sein Nachtkaffeehaus in der Karlsgasse, dessen Stammgäste sich aus denselben Gesellschaftsschichten rekrutieren, aus denen die Gäste der fahrbaren Teehäuser stammen, den Namen »Café Kandelaber« behördlich protokollieren ließ.

Von da ab erfreuten sich die fahrbaren Teehäuser steten Zuspruchs. Die Droschkenkutscher des nahen »Staffels« und der gleichfalls dicht benachbarte Würstelmann polemisierten und pokulierten,

»Fliegender Kaffeeverkäufer« (um 1910)

bis längst das Licht auf der Höhe des städtischen Kandelabers verlöscht und die Wagenlaterne des »Kaffeehauses« angezündet war. Zu ihnen gesellten sich Nachtvögel verschiedener Gattungen und blieben auch keine kürzere Zeit stehen. Der Teewagen auf dem Altstädter Ring erfreute sich einer so außerordentlichen Beliebtheit, daß sie dem Wirte sogar verhängnisvoll wurde. Hier strömten nämlich zu der Zeit, als noch die Josefstadt nicht assaniert und voll von niedrigen Beiseln war, nach der Gasthaussperrstunde verschiedene Leute zusammen, die hier ihre Affären der Liebe, des Alkohols und des Verbrechens fortsetzten. Das ging gar nicht leise und gar nicht ohne blutige Raufhändel ab. Das Café Kandelaber war fast täglich in den Rapporten des Altstädter Polizeikommissariates erwähnt, und schließlich verbot man dem Wirt diesen Standplatz. Er durfte den Ring überhaupt nicht mehr passieren, und erst als die dunkelsten Häuser der Josefstadt dem Erdboden gleichgemacht worden waren,

Droschkenkutscher am Helteplatz (1919)

durfte er wieder in das gelobte Land einziehen. In der letzten Zeit wird diese Geschichte in den Kreisen der »Kandelaber«-Gäste besonders oft besprochen. Man glaubt, daß durch dieses seinerzeitige Platzverbot ein Präzedenzfall vorhanden ist, der dem Teemann vom Josefsplatz verhängnisvoll werden kann: Man werde ihm diesen Platz verbieten, damit er dem Repräsentationshaus keine Konkurrenz mache.

Es ist fünf Uhr geworden. Schon graut der Tag und dem Leser. Ich muß meine sachlichen Erwägungen schließen, wenn ich noch rechtzeitig zum Five o'clock tea ins Café Kandelaber kommen will.

Die Gemeindetruhe

Die Einführung der Gemeindetruhe sei den Kommunalbehörden aller Weltstädte ans Herz gelegt. Nicht etwa, daß diese Empfehlung meinem ausgeprägten Lokalpatriotismus oder irgendeinem anderen Gefühle entspringen würde. Persönliche Beziehungen verknüpfen mich mit der Gemeindetruhe nicht. Ich kann auch aus eigenem nichts über das Innere dieses hermetisch verschlossenen Verkehrsmittels sagen. Aber es ist ganz hübsch. So sagt mein Freund Franta Cuček, der in der Gemeindetruhe geboren wurde, schon oft in ihr nach Hause gefahren ist und auch mutmaßlich einst mittels dieses Vehikels in die »Pathologie« geschafft werden wird. Der kennt das »Etui«, wie er es in dem Tonfall der tschechisch-französischen Verbrüderung ausspricht, in- und auswendig. Von weitem und um die Ecke erkennt er, welche Nummer jene Truhe hat, die da herangerasselt kommt, um irgendeinen Gast unseres Stammlokales nach Hause zu befördern. Ohne je den Zettel zu betrachten, der an der Rückseite des Korbes baumelt und eine rote Ziffer – die Wagennummer – trägt.

Daß Franta Cuček die Lenker des Gefährtes kennt, ist ganz natürlich. Er steht mit allen auf du und du, und sein »Servus« wird von dem menschlichen Zweigespann mit gleicher Herzlichkeit erwidert. Aber diese private Freundschaft hat natürlich nicht etwa zur Folge, daß Franta den Lenkern bei der Ausübung ihrer Berufspflicht irgendwelche Erleichterungen gewähren würde. Dienst ist Dienst. Es ist ein schöner Zug im Leben Frantas, daß er einmal einem dieser Automedonten, dem Jaro Roztopil, mit dem er selbst treu befreundet war, das linke Auge ausgeschlagen hat, als dieser ihn in den Korb zu betten versuchte. Trotzdem das linke Auge für jeden Menschen im Sommer nur eine unnötige Mehrbelastung des Körpergewichtes darstellt, trotzdem das linke Auge zum ehrsamen Gewerbe des Gemeindetruhenwärters nicht unbedingt erforderlich ist und trotzdem Jaro Roztopil anläßlich dieser in Ausübung der Berufspflicht erlittenen Wunde aus dem Stadtsäckel ein Schmerzensgeld erhalten hat, lassen es seither die beiden Truhenmänner nicht mehr auf die Betätigung von Frantas Unparteilichkeit im Dienste ankommen. Sobald sie an den Ort kommen, auf welchen man sie begehrt, und sehen, daß Franta Cuček zu ihrem Passagiere auserkoren ist, dann eilen sie mit unheimlicher Schnelligkeit auf ihn zu und umklammern aus einem nicht in die Augen springenden Grunde seine vier Gliedmaßen mit gußeiserner Gewalt. Der eine hält Frantas rechten Arm und den rechten Fuß, dem anderen ist die ehrenvolle Aufgabe zugewiesen, mit den linken Gliedmaßen ein Gleiches zu tun. Oh, Franta Cuček wehrt sich noch immer nach Leibeskräften, aber es hilft ihm nicht mehr viel. Er fällt, wie einst Cäsar von Brutus' Hand, von den Händen seiner Freunde. Er fällt in die Truhe, ohne daß er im Kampfe mit seinen Widersachern siegreich geblieben wäre. Sein einziger Erfolg ist höchstens, daß er manchmal einen Fuß aus der Umklammerung der beiden befreit und einem von diesen durch einen Tritt die Uniform beschmutzt hat.

Ach, die Uniform der Gemeindetruhenwärter! Wer kennte sie nicht, diese Livree: Die fesche Bluse aus blauweißer Leinwand, der nur im Winter durch ein einfaches braungestricktes Cachenez verhüllte Hals, die hohen Kanonenstiefel und die Eishackerhosen, die Ledermütze von undefinierbarer Farbe mit dem blechernen Wappen der königlichen Hauptstadt darauf – gibt es etwas Einfacheres, etwas Schöneres? Ist das nicht schöner als der blaue Frack, den man in Wien vor kurzem als Festkleidung für die Magistratsfunktionäre bestimmt hat?

Die »Gemeindetruhe« – ein Transportmittel für Betrunkene und Notfälle in Prag (um 1913)

Übrigens sei erwähnt, daß die Chauffeure der Gemeindetruhe ihre Uniform in Ehren tragen. Ihre Aufgabe ist schwer, aber sie erfüllen sie gut. Nicht nur dann, wenn sie ihren Passagieren à la Franta beim Einsteigen in die Karosserie behilflich sind, sondern auch beim Entladen des Korbes. Dieses Entladen ist, da die Seitenwände des Korbes nicht heruntergeklappt werden können, sondern fix sind, nicht so einfach, als sich ein Laie auf dem Gebiete des modernen Verkehrswesens denken würde. Aber das Problem wird dennoch auf findige Weise gelöst. Indem man die Truhe zu einem Toboggan umwertet. Wenn nämlich die Truhe an ihrem Endziele, dem Hof des Arrestgebäudes, angelangt ist, so wird sie derart aufgestellt, daß der Korb windschief auf den Rädern ruht und die Füße des Etui-Inhaltes nach unten zu gerichtet sind. Nun klappen die Aurigae den Deckel auf, heben die Beine ihres Pflegebefohlenen in die Höhe und schieben dessen Rumpf längs der schiefen Ebene so weit hinab, bis die Beine des Passagiers über die untere Wand des Korbes ragen. Dann tritt man auf die Füße des Korbinsassen, diese senken sich zu Boden, und der Passagier steht vertikal auf Mutter Erde. Ein sichernder Druck auf den Rücken hindert ihn an dem Rückfall in das Vehikel.

In noch zarterer Weise ist man jenen Passagieren beim Aussteigen behilflich, deren Reiseziel nicht der Hof des Polizeigefangenenhauses, sondern der Flur des Krankenhauses ist. Denn auch solche gibt es. Wenn jemand auf der Straße überfahren wird und mit gebrochenem Schenkel daliegt, wenn jemand von Krämpfen oder vom Blutsturz befallen wird, so holt ihn, wenn ihn nicht inzwischen der Teufel geholt hat, nach sehr geraumer Zeit die Gemeindetruhe ab und führt ihn ins Spital, wo er in den meisten Fällen noch lebend ankommt. Das ist das einzige, was Franta Cuček gegen die Gemeindetruhe einzuwenden hat. Das ist auch wirklich ein Mißbrauch dieses Vehikels. Wie kommen jene Leute, die Zeit und Geld für Alkohol geopfert und sich so mühselig das Anrecht auf die unentgeltliche Beförderung in diesem städtischen Fahrzeuge erworben haben, dazu, dieses Recht mit jedem x-beliebigen auf der Straße ganz unabsichtlich und ganz zufällig erkrankten Menschen zu teilen? Geradezu unappetitlich ist das! Aber das ist der einzige Fehler des Etuis, und dieser Fehler vermag die Liebe Cučeks zu seinem Fahrzeug nicht zu erschüttern. Und wenn er auch immer wieder von seinen Ausflügen per Schub nach Prag zurückbefördert wird – er empfindet es nicht unangenehm. Denn Prag ist die angestammte Heimat der Gemeindetruhe.

Ja, anderswo gibt es so etwas nicht. Man läßt zwar auch in anderen Städten die Leichen, die Bierleichen und die prosaisch Erkrankten nicht unbemerkt bis zu ihrer Auferstehung auf der Straße liegen. Aber in den anderen Weltstädten gibt es Räderbahren, bei denen die beiden Holme verschiebbar und die Füße der Bahre (nicht, wie in Prag, die des Kranken) umgeklappt werden können. Die Bahre dieser Transportmittel ausländischer Provenienz wird am Endziel der Reise einfach vom Rädergestell abgehoben – ein ungeheurer Nachteil, weil die Prager Entladeprozedur »System Rutschbahn« dadurch unmöglich wird. Auch besitzen die auswärtigen Bahnen keinen Deckel, sondern ein zum Abknöpfen eingerichtetes Plantuch, das dem Kranken das Hinausblicken auf die Straße gestattet, aber es den Passanten verwehrt, das Gesicht des Patienten zu sehen. Daß dies eine Verletzung der Gleichberechtigung ist, liegt klar auf der Hand. Aber was kann man auch von einer Truhe verlangen, die keine Truhe ist!

Es gibt eben nur ein Prag, es gibt eben nur eine Gattung von Gemeindetruhen. Nur schade, daß es nur den breiteren Volksschichten möglich ist, dieses ebenso vornehme wie praktische Straßenfahrzeug zu benützen. Warum könnte man nicht die Droschken und Fiaker durch Gemeindetruhen erster und zweiter Güte ersetzen? Sogar zu Gummiradlern könnte man die Gemeindetruhen umgestalten. Auf dem Josefsplatze stehen die Automobildroschken unbenützt. Würde man hier nicht auf dieser Stelle (vor dem Repräsentationshaus) einen Standplatz für Gemeindetruhen mit mehr Erfolg errichten können? Ich glaube nicht, daß ein Einheimischer oder ein zufälliger Fremder der Versuchung widerstehen könnte, wenn ihm aus dem Munde von Etuichauffeuren die einladenden Rufe entgegenschallen würden: »Gemeindetruhe gefällig?«, »Fahr'n m'r, Euer Gnad'n?« und »Einsteigen, meine Herrschaften, einsteigen!«

Razzia

Vor der Streifung, da geht's ja hoch her. Da wird getanzt, gespielt, getrunken, geschäkert, geraucht, gesungen, gestritten, geschrien, geschimpft und gerauft, daß es eine Freude ist. Weiß der Teufel, wenn der Herr Oberkommissär Protiwenski dabei wäre, er würde es gewiß nicht übers Herz bringen, das Idyll mit rauher Hand stören zu lassen. Aber er ist nicht dabei, und er kann am Morgen, wenn er die Razzia anordnet, noch nicht wissen, daß es am Abend in den heimzusuchenden Lokalen so lustig sein wird.

»Die Detektivs ...« (folgen etwa zwölf Namen) »... haben um halb zehn Uhr abends gestellt zu sein.« Das ist die Ordre, die jede Woche – die Wochentage wechseln in zwangsloser Reihenfolge ab – mindestens einmal ergeht. Es ist das Aviso zu der kombinierten Streifung, welche drei oder vier Partien der Sicherheitsbeamten von verschiedenen Ausgängen aus gegen einen gemeinsamen Treffpunkt unternehmen. Auf diese Weise bilden die Polizeigruppen eine Kette, und keinem der lichtscheuen Individuen, die aus einer Spelunke in die benachbarte wandeln, kann das Glück widerfahren, daß er immer vor oder immer nach dem Erscheinen der Streifung kommt und so den Fangarmen der Polizei entgeht. Außer diesen kombinierten Streifungen gibt es auch noch Generalstreifungen, die mindestens zweimal im Jahr unter Mitwirkung aller Polizeibeamten vorgenommen werden, und kleine Streifungen in bestimmte Lokale, die zur besonderen Beaufsichtigung allen Grund geboten haben. Immer werden die Razzien nur von Beamten in Zivilkleidern und von Geheimpolizisten vorgenommen, damit der nächtliche Spaziergang nicht zu großes Aufsehen errege und das Erscheinen in den ominösen Gasthäusern, Schlupfwinkeln, Massenquartieren und Branntweinschenken nicht vorzeitig avisiert werde.

Als noch die alten Häuser der Josefstadt standen, waren die Stätten des Verbrechens und der Anstekkung dort konzentriert. Damals konnte man in einem Hause oft mehr verdächtige und gesuchte Subjekte festnehmen als heute in etlichen Streifungen. Allerdings wurde dieser Vorteil durch das opferwillige Wirken der Theresia Bartunek fast aufgehoben, von deren in den achtziger Jahren entfalteten Tätigkeit die Verbrechergilde noch heute dankbar schwärmt. Theresia stand oft nächtelang am Johannisplatz in einem Versteck und wartete, bis aus der Türe des Kommissariates die Beamten traten. Dann eilte sie – halb Läufer von Marathon, halb Retterin des Kapitols – von einer Spelunke zur anderen, riß die Türe auf und ließ den Warnungsruf »štrajfuňk« ertönen... Heute sind die Nährböden des Lasters zerstreut. Kein Stadtteil, der frei von ihnen wäre, kein Stadtteil, in dem nicht Razzien unternommen werden müßten.

Kurz nach zehn Uhr abends öffnet sich das schwere Eisentor des Sicherheitsdepartements in der Bartholomäusgasse. Etwa fünfzehn mit Stöcken bewehrte Männer treten hinaus: Polizeibeamte und Detektive. Es bilden sich drei Gruppen: Die eine zieht zur Postgasse hinunter und wendet sich dann gegen die Obere Neustadt hin. Die beiden anderen Gruppen schreiten zur Altstadt zu. Bei der Husgasse biegt die Altstädter Partie ab, und die Gruppe, welche die Untere Neustadt mit ihrem Besuche beehren will, zieht durch die Perlgasse und über den Obstmarkt weiter.

Alsbald haben sie zu tun, allerdings nur mit einer belanglosen Klientel: Es sind Passantinnen, welche die ihnen schon längst bekannten Polizeibeamten mit einem grenzenlos ehrfürchtigen und wohl oft heuchlerischen »Küß' die Hand, gnädiger Herr« begrüßen. Paßrevision. Man sieht nach, ob in dem

Egon Erwin Kisch nach einer Festnahme durch die Polizei (Grund unbekannt, um 1910)

Dienstbuch des Mädchens das Datum des vergangenen Montags eingetragen ist, und sie können ihren Weg fortsetzen. Manche »gehen bloß zu ihrer Schwester«, aber da die mißtrauischen Polizeibeamten aus verschiedenen Gründen dieser rührenden Schwesterliebe absolut nicht glauben wollen, so muß die Dame statt zu ihrer Schwester auf die Wachstube gehen. Eine wieder kann das Buch nicht finden, sie habe es verlegt. Auch diese Buchverlegerin wird dem nächsten Wachmann übergeben, der dem schönen Fräulein Arm und Geleite bis zum nächsten Kommissariat anbietet. Sie wehrt sich: Sie sei weder Fräulein, weder schön und könne ungeleitet nach Hause gehen. Aber das nützt ihr nichts.

Die Streifenden setzen ihren Weg fort. Die Wachposten auf der Straße grüßen nicht; der Gruß würde das Inkognito der Zivilpolizisten lüften, und ihr Nahen könnte leicht drahtlos an die interessierten Stellen depeschiert werden. Endlich ist man vor einem Gasthaus, aus dem Jubel und Lärm auf die Straße dringt. Plötzlich wird es drinnen still, jemand, der gerade im Hausflur war, ist in das Lokal gestürmt und hat *das Erscheinen der Streifung* gemeldet. Jäh verstummt der Lärm. Paare, die sich zärtlich verschlungen hielten und eben unzertrennliche Liebe schworen, stieben auseinander und rennen, wie die Zecher, die gerade das Glas zum Munde führen wollten, wie die Kartenspieler, die eben den Eichel Ober übertrumpfen wollten, den Ausgängen zu. Aber die sind besetzt: Im Haupteingang steht der Beamte, an den Seiteneingängen Detektive. Die aufgeschreckten Gäste sehen, daß an ein Entkommen nicht zu denken ist, und kehren wieder in den Saal zurück.

»Ganz untertänigster Diener, hohe Regierung«, so tönt es devot von den Lippen des Wirtes, der an den Beamten herantritt, ehrerbietig die speckige Kappe zieht und sich im rechten Winkel verbeugt. Der Wirt hat alle Ursache, mit den Polizeibeamten höflich zu sein, wenn diese auch jetzt seine besten Gäste wegführen werden. Schon mehrere Male ist ihm mit der Entziehung der Konzession gedroht worden, und wieder hat vor kurzem ein Gast seines Lokales einen anderen derart liebkost, daß am nächsten Tage in den Zeitungen unter dem Titel »Eine tödliche Ohrfeige« darüber berichtet wurde.

Der Beamte ignoriert den Gruß. Rundgang und Cercle beginnen. Ein Mädchen sitzt nahe der Türe an einem Tisch, neben ihr ein Jüngling. Die beiden markieren ein zärtliches Gespräch und scheinen sich um die Eintretenden gar nicht zu kümmern. Sie haben verabredet, ein Brautpaar darzustellen.

»Was machen Sie hier?« fragt der Beamte das Mädchen.

»Ich bitte, ich bin mit meinem Bräutigam hier.« Fast beleidigt klingt das. Und der Galan nickt eifrig Bestätigung.

»So, so, Fräulein Harlak, Sie haben wohl geglaubt, daß ich Sie nicht erkennen werde, weil Sie jetzt ein Jahr in Brünn waren?« Die Erkannte wird blaß. Der Beamte wendet sich in strengem Ton an ihren Partner: »Das ist also Ihre Braut?«

Der »Bräutigam« hat jedoch »Spundus« gekriegt, und er verleugnet seine Braut. Er schweigt. Da wird aber die Verratene, die kurz vorher noch so zärtlich schien, sehr fuchtig:

»Was? Zehn Glas Bier hab ich dir schon gezahlt, und jetzt willst du mich nicht kennen. Du Hundekerl, du...« Ein Wink des Beamten beendet den Redeschwall der Jungfrau. Ein Detektiv führt sie zu dem neben der Türe gelegenen Tisch, wo sich alle versammeln müssen, welche der Beförderung in »Direktor Wejřiks Hotel«, das Polizeigefangenenhaus, wert erachtet werden.

Inzwischen hat der Beamte einem Manne seine Aufmerksamkeit zugewendet, der allein an seinem Tisch sitzt. Fast die ganze Biertasse ist schraffiert – jeder Strich bedeutet ein Glas, das der einsame Zecher hinter die fehlende Binde gegossen hat. Beamter und Gast blicken einander in die Augen, und über beider Gesichter huscht ein Lächeln, das zu sagen scheint: Sieh da, ein alter Bekannter!

»Guten Abend, Herr Kommissär«, bricht der Zecher das Schweigen.

»Schönen guten Abend, Herr Lojsa«, wünscht der Kriminalpolizist. »Was machst du denn hier?«

»Ich trinke«, antwortet Lojsa naiv und treuherzig.

»So? Du weißt wohl nicht, daß jetzt schon zwölf Uhr ist und daß du« (Lojsa steht unter Polizeiaufsicht) »um acht Uhr abends zu Hause sein sollst?«

»Gnädiger Herr, ich habe jetzt zwei Tage Holz gehackt, und da wollte ich heute...«

»Holz hast du gehackt? Es wird wohl das Holz einer Wohnungstüre gewesen sein. Der Kratochwil ist gestern wegen Einbruchs festgenommen worden und hat gesagt, du könntest sein Alibi nachweisen.«

»Ja, Herr Kommissär, das kann ich nachweisen!«

»Kannst du? Um so besser.« Und schon führt ein Polizist den stillen Zecher zu dem Sammelplatz neben der Tür, wo schon Fräulein Harlak Aufstellung genommen hat. Hier haben übrigens auch die

Kellnerinnen des Lokales Posto gefaßt, um von den »Auserwählten« die Zeche einzukassieren.

Der Polizeikommissär hat wieder einen alten Freund erspäht: »Kuželka, du hast doch Prag!« ruft er ihn an. Das ist ein elliptischer Satz, das Prädikat »verboten« ist zu ergänzen. Aber jeder, der das Prager Rotwelsch versteht, versteht auch dieses Satzfragment.

Revertent Kuželka will in einer langatmigen Rede dem Kommissär auseinandersetzen, welch wichtige Angelegenheiten ihn nach Prag geführt haben, während ihn in Wirklichkeit die schönen »Arbeitsgelegenheiten« und der gleichgestimmte Freundeskreis wieder in die Landeshauptstadt riefen, aus deren Polizeirayon er dauernd abgeschafft ist. Der Beamte hört ihm einen Augenblick lang aufmerksam zu und scheint seinen Argumenten voll beizustimmen. Dann sagt er freundlich zu Kuželka: »Dorthin stell dich!« Da weiß der erfahrene Kuželka, daß alle weiteren Rekriminationen vergeblich sind, und stellt sich zur Tür.

Das Frage-und-Antwortspiel geht weiter. Der Polizeibeamte läßt sich Arbeitsnachweise zeigen und erkundigt sich nach dem Obdach der Gäste. Manchmal fallen die Antworten befriedigend aus, manchmal aber endet das Spiel mit dem Wink gegen den Formierungsplatz bei der Türe. Alle Gäste sind verhört worden. Da wendet sich der Beamte zu dem Billardbrett und stöbert mit seinem Stock unter die Wachsleinwand, die das Billardbrett bis zum Boden bedeckt. Unten ist jemand. Das hat der Beamte ohnedies gewußt und wollte nur den Zeitpunkt der Entdeckung möglichst lange hinausschieben, damit der dort Versteckte schon die Hoffnung schöpfe, die Polizei überlistet zu haben. Aber als die Person auf seine Aufforderung hin hervorkriecht, ist der Beamte des Kriminalbüros doch überrascht: »Die tolle Andula! Wie kommst du denn her? Um vier Uhr hat dich der Polizist über die Rayonsgrenze hinausgeführt, und jetzt bist du wieder hier!«

»Zu Fuß, gnädiger Herr, bin ich wieder zurückgegangen. Ich glaube, daß ich früher hier war als der Polizist auf dem Kommissariat. So bin ich gelaufen. Meine ganzen Lackschuhe sind kaputt. Neun Gulden haben sie gekostet. Und jetzt werde ich wieder eingesperrt.«

Das Mädel, ein siebzehnjähriger Fratz, der verderbter ist als die ältesten Kolleginnen, verzieht schmollend das Gesichtchen, das nicht unschön genannt werden kann.

Der Polizeibeamte sagt seinen Refrain: »Stell dich dorthin!« Dann kommandiert er den Ausgehobenen: »Rechts um«, »marsch«, der Wirt zieht noch devoter sein Käppi, draußen übernehmen uniformierte Polizisten die Eskorte. Weiter geht die Razzia.

Nach der Streifung ist in den Lokalen die ganze Stimmung verflogen. Der spärliche Rest der Gäste zahlt seine Zeche, und wenn ein Polizeiorgan die Flüche hören würde, die der vorher so devote Wirt jetzt gegen die Behörden ausstößt, so würde es diesem wohl nicht gut ergehen.

Um halb zwei Uhr nachts treffen die Partien der Sicherheitsleute, wie verabredet, beim Pulverturm zusammen. Die einzelnen Beamten erstatten dem Rangshöchsten Bericht über die Vorkommnisse, die Detektive werden nach Hause entlassen. Die Razzia ist beendet, der Boden der Großstadt wieder einmal gekehrt worden. Vierundfünfzig Verhaftete. In der Aufnahmekanzlei des Polizeigefangenenhauses werden ihre Personalien aufgenommen, die Taschen untersucht, Zellen angewiesen.

Am nächsten Tage werden Akten geschrieben, ärztliche Untersuchungen vorgenommen. Die Verhafteten werden nun in den bekannten grünen Karossen in das Strafgericht in das Bezirksgericht, in das Allgemeine Krankenhaus oder in die

Eine Prostituierte steigt aus dem »Grünen Anton«, dem Gefängniswagen (um 1905)

»Fišpanka«, das städtische Arbeitshaus, befördert. Da gibt es dann Requirierungen und Erhebungen, die Heimatzuständigkeit muß ermittelt, der Schubkostenersatz verlangt, Convoyanten für die abzuschiebenden Personen beordert werden und was dergleichen schöne Schreibereien mehr sind.

Was Wunder, daß dann die betroffenen Beamten mehr als die Prager Verbrecher und Vagabunden über die Prager Streifzüge der Polizei schimpfen!

Der Clamsche Garten

Westend von Prag. Endstation der Elektrischen, die Smichow und Koschiř durchquert.

Über dem Gittertor steht die Aufschrift »Klamovka« mit so großen Goldbuchstaben, daß jeder erkennen müßte, die hohe, von blütenschweren Bäumen überdachte Mauer umschließe keine öffentlichen Anlagen, keinen Privatpark. Es ist offenbar ein Wirtshausschild, das dringlich zum Eingange lädt. Aber das Tor ist versperrt, und keine Klingel ist vorhanden, die einen öffnenden Pförtner herbeizurufen vermöchte. Und selbst wenn man in der abzweigenden Weißbergstraße das offenstehende Seitentürchen entdecken, durch dieses eintreten und die Stiegen zum Garten hinaufschreiten würde, so müßte man umkehren, denn ein Zettel verwehrt strenge dem Fremden den Eintritt. Der abweisende Inhalt des kleinen Zettels auf dem Seitentor kontrastiert mit der einladenden Aufschrift der großen Tafel auf dem Haupttor, so daß man doch in Zweifel gerät, ob hier ein Wirtshausgarten oder ein Herrschaftspark sei.

Beides oder keines von beiden. Früher haben Grafen und Gräfinnen hier im Clamschen Garten auf schattigen Kieswegen lustwandelt. Aber später wurde der gräfliche Park an einen bürgerlichen Gastwirt verkauft, und der baute in der Mitte des Gartens ein Gasthaus mit einem Tanzsaal.

Nun aber wird hier auch nicht mehr getanzt. Seit heuer. Noch im vorigen Jahr war die »Klamovka« am Sonntagnachmittag ein Wallfahrtsort der Dienstmädchen, der Burschen und Mädchen aus dem Volke, und oben im Saale wurden bis spät in den Abend Quadrillen und Walzer getanzt, besonders schlürfend der Sechsschrittwalzer, der im Volksmund »Na šest« heißt, dessen charakteristisches Merkzeichen

Mit dem Salonwagen der elektrischen Straßenbahn hinaus in den Clamschen Garten (1913)

die langgezogenen, langsamen Schritte bei der Linksdrehung sind und bei dem man in erheuchelter oder echter Verzückung die Augen zu schließen hat. In den Pausen aber gingen die Liebespaare, sich umschlungen haltend, hinunter in den Garten, in dem die hohen Christusakazien, die duftenden Syringensträucher, die schattigen Kastanienbäume, die silberglänzenden Rotbuchen, die dichten Ahornsträucher und die verzweigten Hagedornbüsche in Blüte standen. Wenn auch die Blütenpracht von den Liebespaaren wohl kaum eines Blickes gewürdigt worden ist – der Einfluß des Milieus muß doch im Unterbewußtsein seinen Nachhall geweckt haben, dem Frühling der Herzen muß es doch inmitten des Frühlings der Natur am wohlsten gewesen sein. Sonst wären die jungen Leute doch in nähere Sonntagstanzlokale gezogen, wie in das Weinberger Bräuhaus, in das Gasthaus »Na Slovanech« auf dem Karlsplatz, wo der Wirtsgarten nur aus ein paar verkrüppelten Bäumen besteht. Doch dort war's nie so voll wie in der »Klamovka«.

Zwölf Jahre tanzte man hier. Am Anfang schien es, als wolle sich das entlegene Tanzlokal nicht einbürgern, und der alte Hlavaček, der für den Ankauf des Gartens und für die Ausführung des Wirtshausbaues sein Vermögen verwendet hatte, schoß sich aus Verzweiflung eine Revolverkugel ins Herz. Sein Sohn aber hatte mehr Glück, und allsonntäglich war es voll im Clamschen Garten.

Vor zwei Jahren aber haben die Barmherzigen Brüder den herrlichen Garten gekauft, um in ihrem menschenfreundlichen Wirken keine Stockung eintreten zu lassen, falls ihr jetziges Spitalsgebäude in der Josefstadt als Opfer der Assanierung fallen würde. Von heuer ab bleibt das Gasthaus unvermietet, und das Gartentor steht geschlossen. So werden die Nachfolger der Liebespaare, die sich hier im Garten ihrer Jugend freuten, die bleichen Kranken sein, die humpelnd oder in Rollwägelchen wehmütig den Glanz der Blumen betrachten und den Duft der Blüten atmen werden. Es kann sein, daß vielleicht einmal ein alter Patient oder ein krankes Mütterchen, den Garten betretend, schwermütig lächeln werden, weil sie in diesem Garten, der nun ihr Krankenasyl sein soll, in der schönsten Zeit ihres Lebens viel geweilt haben und seither nicht mehr. So wird ihnen doppelt wehe ums Herz sein. Aber das Gefühl wird kein bedauerndes sein. Denn auf der »Klamovka« ging es nicht ausschweifend zu, wie zum Beispiel in einer unmittelbar benachbarten Gartenwirtschaft, welche heuer als Erbe der »Klamovka« die Koschiřer Jugend übernommen hat und auf deren Usancen ein Mordprozeß des vergangenen Jahres ein böses Licht warf. Auf der »Klamovka« gab es nie eine »parta«, wie die Platten im Prager Vorstadtjargon heißen. Hier hatte fast jedes Mädchen bloß einen ständigen Tänzer, den Liebhaber. Wenn der gewechselt wurde, gab es stumme Katastrophen.

So hat beispielsweise einmal ein Artillerie-Freiwilliger hier Unheil angerichtet. Der hatte richtig kalkuliert, daß seine schmucke Uniform ihm hier ein siegendes Liebesglück verschaffen müsse, und war in den Clamschen Garten gefahren. Sein Eintritt in den Saal war eine Sensation. Hierher, wo schon die Uniform eines Infanterie-Pferdewärters auf die unbefangenen Mädchenherzen elektrisierend einwirkte, kam ein Einjährig-Freiwilliger mit tadellosem Scheitel, blanken Lackkanonen, silbernen Salonsporen, hellblauen Kammgarnhosen, dunkelbraunem Waffenrock mit dem verschnürten Schützenzeichen und einem vorschriftswidrigen Flitterstern auf dem feuerroten Kragen! Er kam in den Saal und musterte die Paare kritischen Blickes. Dann wählte er sich ein Mädel zum Tanz, ein Mädel, dem die Stammgäste prophezeiten, daß es gar bald von der blonden Jarmila den von allen angestrebten Titel »Hvězda Klamovky«, des Sterns des Clamschen Gartens, erben werde. Er tanzte, tanzte wieder, und der junge Monteur, der bis zur Stunde der Liebhaber der Kleinen gewesen war, der tanzte nicht. Der saß in dem Saalteile, der durch Säulen vom Tanzsaale geschieden und für die Biertische reserviert war. Als es acht Uhr und gerade eine Tanzpause war, ging er zu dem Mädel, das mit dem goldstrotzenden Galan promenierte.

»Komm nach Hause, Božena.«

»Ich will nicht.«

»Ich muß doch um neun Uhr im Elektrizitätswerk sein. Sonst wirft man mich hinaus.«

»Dann wird man dich eben hinauswerfen.«

»Du weißt doch, daß mein Vater beim Bürgermeister war, damit ich die Stelle bekomme.«

»Ich halte dich nicht. Du kannst ja gehen.«

Den letzten Satz sprach sie schon davontanzend, denn die Musik hatte das tschechische Volkslied begonnen, das an zwei blaue Augen die Frage richtet, warum sie voll Tränen seien. Der Monteur empfindet das Schmerzliche des letzten Satzes doppelt schmerzlich, weil es im Arme des anderen gesagt worden ist. Er fühlt, daß das Mädel, indem sie ihn abwies, dem anderen eine Liebeserklärung gemacht hat. Fühlt, daß sich jetzt die zwei fester aneinanderschmiegen und vielleicht über ihn, den heimgeschickten Dritten, lächeln. Der Bursch geht zu seinem Platz zurück und ist blaß.

Allein fortgehen kann er nicht, trotzdem die Božena das behauptet hat. Sonst geht das Mädel mit dem Kanonier nach Hause, und dann lächeln die zwei nicht mehr, sondern sie lachen. Noch mehr Leute, die Stammgäste der »Klamovka«, würden alle lachen über »křen«, den Wurzen, der ein Mädel zum Tanz führt, damit dieses mit einem anderen nach Hause gehen könne. So bleibt der junge Monteur sitzen, bis neun Uhr (die Stunde, zu der er bei der Kontrolluhr im Elektrizitätswerk sein soll) längst vorbei ist. Er sitzt blaß beim Bier und möchte sich's nicht anmerken lassen, wie sehr ihm die Musik in das Herz schneidet, die seinem Mädel zum Tanz mit einem anderen aufspielt. So wiederholt er sich die Worte, die ihm ein Freund im Vorbeigehen tröstend zugerufen: »Was liegt an einem Mädel!« Spätabends geht er mit der Božka nach Hause. Er weiß gar wohl, daß sie sich für morgen ein Stelldichein mit dem Freiwilligen verabredet hat, er weiß gar wohl, daß jetzt alles aus ist. Er hat aber wenigstens die Blamage verhütet, er begleitet wenigstens das Mädel nach Hause, mit dem er gekommen war. Mag es ihn immerhin seine Stellung gekostet haben!

Es war zum letztenmal, daß er mit Božka heimging. Es war zum letztenmal, daß er auf der »Klamovka« getanzt hat. Auch wenn das breite Gittertor nicht verschlossen wäre, würde er nicht mehr hingehen. Er verkehrt jetzt in anderen Lokalen. Fast täglich mit einem anderen Mädel. Und wenn jetzt jemand seine Begleiterin verlangend mustert, dann muntert er sie noch auf, den Blick zu erwidern. Er hat auch gar nichts dagegen, wenn sie jetzt mit jemandem den ganzen Abend tanzt, ja selbst wenn sie dann mit dem anderen nach Hause geht. Er fürchtet nicht mehr, als »křen« zu gelten. Er will nur

Geld haben. »Was liegt an einem Mädel!« Das Wort, mit dem er sich damals zu trösten versuchte, ist seine Lebensmaxime geworden...

Eine Pointe hat die Geschichte nicht. Es sei denn, man wollte es vielleicht als Pointe ansehen, daß an manchen Abenden auch die Božka (die ginge übrigens heute auch nicht mehr auf die »Klamovka«) zu seiner Klientel zählt. Der Artillerie-Freiwillige tanzt aber schon lange nicht mehr mit ihr.

Das war so einer von den kleinen Romanen, die im Clamschen Garten begonnen haben. Sie stehen nirgends verzeichnet, und jeder der Besucher kannte nur einen solchen Roman. Und wenn man die Sehenswürdigkeit des Gartens zeigt, so weist man auf das »Himmelchen«, einen runden, entzükkenden Kapellenbau, durch dessen sternförmige Öffnungen in der Wölbung das Himmelslicht strahlt, so zeigt man den hübschen Eselsstall, so zeigt man den aus Stein gemeißelten Pferdetrog, der auf einem mit einem steinernen Zaumzeug gemeißelten Sockel steht und ein Denkmal für des Grafen Clam Gallas Schlachtroß »Cassil« darstellt, so zeigt man den Platz, auf dem Prinz Wilhelm von Auersperg an einem Maitage vor vierunddreißig Jahren im Duell sein Leben ließ. Aber man zeigt nicht die Sträucher, in denen mancher junge Mensch seinen Liebesgram ausgeweint hat, man zeigt nicht die Stelle, von der aus der blasse Monteur seinem davontanzenden Liebesglück nachblickte.

Die Gifthütte (tschechisch: Jedová chýše), um 1910

Die Gifthütte

Dorthin, in die Teile Prags, die sich südlich von der Krankenhausgasse und der Katharinagasse bis gegen Slup und Nusle hinunterziehen, kommen die Prager selten. Es ist eine Stadt der Kranken, die sich hier breitet. Die Institute der medizinischen Fakultät, Kranken- und Irrenhäuser halten mit ihren Gärten den ganzen Komplex besetzt. Nur dort, wo die Weinberggasse in die Apollinargasse mündet, scheint die Stadt der Kranken aufzuhören, scheint ein Dorf zu beginnen. Ein freier Platz, der nicht gepflastert ist und auf dem große Kastanienbäume wachsen. In den Ecken des Platzes wuchert üppiges Gras. Ein steinerner Heiliger, der heilige Adalbert, blickt vom Piedestal seiner Säule friedlich auf die Kinder hinab, die zu seinen Füßen mit Kugeln spielen. Da kommt eine Schar von Mädchen, Hand in Hand, ohne Hut, mit weißen Schürzen, des Weges. Wer nicht weiß, daß es Wärterinnen sind, müßte glauben, sorglose Dorfmädchen vor sich zu haben. Alte Männer sitzen vor den Häusern und schmauchen behaglich ihre Pfeife. Und die Häuser sind einstöckig.

Das letzte Häuschen, das von der Adalbertssäule sichtbar ist, das Häuschen, das an das Dorfkirchlein grenzt, ist das Dorfwirtshaus, wie man aus der roten Aufschrift erkennt. Eigentlich sieht diese Hütte selbst für ein Dorfeinkehrhaus zu schäbig, zu verwahrlost aus. Aber was kann man auch für Ansprüche an das Gasthaus eines so gottverlassenen Dörfchens stellen?

Mit der Illusion, in einem Dorf zu sein, ist es freilich aus, wenn man sich in den Wirtsgarten setzt, hart an die niedrige Grenzmauer, und in das Tal schaut, das sich unten in weitem Bogen streckt. Nichts weniger als ein ländliches Idyll. Dort oben starren hinter den Pankratzer Feldern die trotzigen

Mauern der Strafanstalt herüber, halbrechts recken sich zu den Felsenhöhen des Wyschehrad die riesigen Festungswälle mit den Kasematten hinauf, die Ferdinand von Saars schönster Novelle Schauplatz sind. Oben auf der Höhe des Wyschehrad die Basilika mit dem Kirchhof, auf dem die Tschechen alle die begraben, die sie für groß halten. Unten im Sluper Tal die großen Institute der Fakultäten, dann zwei Hotels, dann Zinskasernen, auf deren Hinterfronten mit riesigen Lettern Firmenreklamen stehen. Überall rauchen Fabrikschlote. Und um das Idyll vollends vergessen zu machen, wird der Blick durch ein markerschütterndes Geschrei in den angrenzenden Garten gelenkt, wo Wärterinnen eine Irre in eine Zwangsjacke zu pressen versuchen...

Es ist die Kehrseite Prags, die man hier vom Gasthausgarten sieht. Das Wirtshaus, das diesen Ausblick gewährt, heißt die »Gifthütte«. Wohl nicht deshalb, weil es das andere Prag zeigt. Auch wegen des Bieres führt es wohl seinen Namen nicht. Denn die Bezeichnung stammt schon von alters her, und das Bier wurde hier durchaus nicht in Dosen vertilgt, wie sie bei Giftgenuß in Anwendung zu kommen pflegen. Vielleicht hieß es so, weil hier besonders die Medizinier verkehrten, die mit Giften hantierten. Ich weiß es nicht, und auch die Chronik der Stadt Prag vermag über die Herkunft dieses Namens keinen Aufschluß zu geben. Die Chronik der Stadt Prag weiß über das Haus Numero Conscriptionis 446 – II überhaupt nichts zu sagen, obwohl es doch im Wechsel der Zeiten so Sonderbares erlebt und so mannigfache Gäste beherbergt hat wie kaum ein zweites.

In vergilbten Auflagen des Lahrer Kommersbuches findet sich auch ein Prager Studentenlied. Ein Doctor medicinae Keim hat es an einem Maiabend des Jahres 1853, also zu einer Zeit ersonnen, da Deutschlands Musensöhne zu Hunderten nach Prag zogen, wo auf der medizinischen Fakultät zum ersten Male die Kunst gelehrt wurde, die Lungenentzündung ohne Aderlaß zu behandeln. Die in diesem Liede ausgesprochene Sehnsucht,

Auf den Windberg, auf den steiligen,
Möcht' ich zu den Jungfrau'n eiligen…

hat noch in späteren Studentengenerationen wiedergeklungen, und allabendlich »eiligten« sie den steilen Windberg hinauf, um hier beim »Jodoform-Kränzchen« nicht zu fehlen,

Wo zum Tanz die hezká holka
Nach dem Klang der munter'n Polka
Den Primär am Bändchen führt.

Das mit dem »Primär« stimmte. Fast alle Primärärzte der Irrenanstalt und die Assistenten der Kliniken tanzten hier unbekümmert um ihre ärztliche Würde, bis längst die Sonne das Nusler Tal vergoldete. Und wenn ein Patient oder eine Patientin in einem der nahen medizinischen Institute der ärztlichen Hilfe dringend bedurfte, dann waren sie rasch zur Hand. Brauchte man ja nur hinunter zum Gifthüttenball zu schicken. Von den Tänzern der Jodoform-Kränzchen sind heute viele Hofräte, zwei sogar wirken als Geheime Medizinalräte an Deutschlands hohen Schulen.

Was den Ausdruck »hezká holka« anbelangt, so ist er im allgemeinen als dichterischer Euphemismus aufzufassen. Die Damen rekrutierten sich aus drei Gesellschaftsschichten: I. den dienstfreien Wärterinnen der medizinischen Institute, II. den Dienstmädchen der in den Instituten wohnenden Professoren der philosophischen und der medizinischen Fakultät und III. den Hörerinnen der Hebammenkurse, die alle vier Monate abwechselnd in deutscher und tschechischer Sprache im nahen Gebärhause abgehalten wurden. Die Ballgespräche waren medizinischen Geistes voll. Die Wärterinnen berichteten ihren Vorgesetzten und Tänzern über irgendein interessantes Symptom im Krankheitsverlauf eines Patienten der Klinik, und den Professorenköchinnen flüsterte manchmal in vorgerückter Stunde ein Tänzer die verschämte Bitte ins Ohr: »Fräulein, kochen Sie morgen dem Professor ein feines Essen. Ich mache nachmittags Examen.«

Eine Spezialität der Jodoform-Kränzchen war die sechste Tour der Quadrille. Sie zog sich bis tief in den Garten hinaus...

Der Gründlichkeit halber sei auch erwähnt, daß außer den drei erwähnten Damengattungen auch einmal eine vierte am Gifthüttenball vertreten war. Das war so: Einige übermütige Mediziner hatten einem eben nach Prag gekommenen Ordinarius erzählt, daß sich allabendlich ein großer Teil der Medizinerschaft in einem nahen »Gifthütte« benamsten Gasthause zum Tanze versammle. Es sei zwar eine ganz ungezwungene Gesellschaft, aber wenn der Herr Professor mit seinen Töchtern den Studenten die Ehre erweisen wolle... Der Herr Professor erwies den Studenten wirklich die Ehre und kam am Abend mit seinen beiden Töchtern hin. Sprachlos blieb er in der Tür stehen. So ungezwungen hatte er sich die Sache doch nicht gedacht: die Herren in Hemdärmeln, die Damen in Schürzen und das Lokal, das einer Verbrecherkneipe viel ähnlicher sah als einem Ballsaal! Aber als die Herren Mediziner auf die beiden Professorentöchterlein zutraten und höflich um ein Tänzchen baten, machten sie und der Herr Papa gute Miene zum bösen Spiel und tanzten. Als später einmal eine der beiden Professorentöchter als Professorsgattin nach Prag kam, hat sie ihr Balldebüt in der »Gifthütte« zum besten gegeben und hinzugefügt, daß sie sich seither bei keinem Ball so gut unterhalten habe wie damals bei diesem seltsamen »Medizinerkränzchen«. Wo sie doch die sechste Quadrilletour gar nicht getanzt hatte!

Nicht so günstig wie das Professorentöchterlein hat über die Jodoform-Kränzchen der siebziger Jahre der damalige Pfarrer von Sankt-Apollinar – diese Kirche ist nur durch die Kegelbahn vom »Gifthütten«-Garten getrennt – gedacht. Der Pfarrer richtete an den Regierungsrat Professor Weber von Ebenhof, den Bruder des damaligen Statthalters, eine Zuschrift, die eine Philippika gegen die Bälle war und in der Professor von Weber ersucht wurde, er möge den Hebammen den Ballbesuch verbieten. Aber Regierungsrat Weber, der selbst in der »Gifthütte« im Hörerkreis seinen täglichen Frühschoppen trank, legte den Ballbericht ad acta und erließ keinen Boykottbefehl.

Die alten Mediziner wissen allerhand solcher Scherze zu erzählen. Von der Krönung der Gifthütten-Könige, von den Plakaten, die der König affichieren ließ, von Wurstfesten und von Kegelabenden, von medizinischen Dauersitzungen, die so lange währten, bis Frau Schuh nichts mehr ankreiden wollte, und von dem Beduinenknaben, den der berühmte Afrikaforscher Dr. Glaser seinem in der »Gifthütte« wohnenden Bruder zur Pflege übergeben hatte und der bald der Liebling der Apollinargasse war. Sie wissen auch davon zu erzählen, daß in der »Gifthütte« in der Zeit, da die Universität noch ungeteilt war, tschechische Studenten mit deutschen Burschenschaftern und Corpsiers manches feuchte Quodlibet gelöffelt haben. Aber dann begann sich das Gift nationalen Hasses in die »Gifthütte« zu verpflanzen, die deutschen Mediziner blieben aus und die tschechischen, die sich nun untereinander streiten mußten, bald auch. Dem Medizinerbeisel fehlten die Mediziner, und bloß das Beisel war geblieben. Der Wirt veranstaltete Schrammelkonzerte, aber die lockten keine Katze in das Haus. Wiederholt kam das Gasthaus unter den Hammer und wechselte seinen Besitzer. Heute tanzen am Abend keine Professorentöchter mehr hier, sondern bloß die Dämchen, die auf der nahen Walstatt den schweren Nachtkampf ums Dasein führen müssen. In den neuen Kommersbüchern steht das Prager Lied nicht mehr. Die letzten deutschen Stammgäste scheinen die »schweren Jungens« aus Berlin gewesen zu sein, die von hier aus den Plan zur Befreiung ihres in der Irrenanstalt befindlichen Komplizen ausführen wollten und in der »Gifthütte« festgenommen wurden.

Der »Osman« ist gestorben

Herr Moritz Milde, der unter dem Namen »Osman Pascha« bekannte Wirt des Studentenwirtshauses »Schipkapaß«, ist gestern gestorben

»Als der alte Osman noch lebte...« So werden also jetzt die ungezählten und unzählbaren Prager Studentengeschichten beginnen, deren Schauplatz die alte Exkneipe auf den Höhen nördlich von Dejwitz ist. »Als der alte Osman noch lebte...« So werden von heute ab die Alten Herren und Inaktiven die Erinnerung aus ihrer Jugendzeit einleiten müssen, die sie den aufhorchenden Söhnen und den künftigen Kommilitonen zum besten geben werden. Und die feuchtfröhlichen, übermütigen Geschichten werden durch diese Einleitungsformel einen sentimentalen Glanz erhalten, und die Erzähler werden sich gealtert vorkommen, als die Vertreter einer alten Studentengeneration. Der Studentengeneration, die da heranwuchs, »als der alte Osman noch lebte«.

Gestern um halb drei Uhr nachts ist er an einem Erstickungsanfall gestorben. Vor etwa einer Woche hatte er sich beim Speisen durch ein Knöchelchen verletzt und hatte seither Halsbeschwerden. Vorgestern früh war er trotz seiner Schmerzen noch munter gewesen. Um fünf Uhr nachmittags wurde er von einem Erstickungsanfall befallen, von dem er sich jedoch bald erholte. Unmittelbar darauf verfaßte er sein Testament, in dem er seine Gattin, Frau Anna Milde, geb. Gärtner, zur Universalerbin einsetzte. Kurz nach zwei Uhr nachts erlitt er einen zweiten Anfall, und der trotz seiner achtundsechzig Jahre noch kerngesunde, hünenhafte Mann erstickte. Die Nachricht war schon gestern in der ganzen Stadt verbreitet, ein Student erzählte sie dem anderen, und überall rief sie reges Bedauern nach. Ist doch das Gasthaus des Osman bei den Prager Deutschen sehr populär. Eigentlich ist das merkwürdig. Etliche Kilometer vom Prager Graben entfernt, auf steiler Höhe, hatte sich da ein einsames deutsches Wirtshaus durch Jahrzehnte erhalten, deutsch erhalten, und wenn auch der Kampf gegen das Deutschtum in Prag noch so erbittert geführt wurde, oben florierte das Geschäft. Der Wirtsbetrieb bewegte sich besonders in der letzten Zeit in aufsteigender Richtung.

Der Gasthausbetrieb auf der »Zlatnice«, dem Hause Nr. 56 in Dejwitz, datiert seit dem Jahre 1876, und ebensolange führt die Liegenschaft den Kneipnamen »Schipkapaß«. Vorher war die »Zlatnice« ein gewöhnliches Bauerngut gewesen, das dem Glasermeister Milde von der Prager Kleinseite gehört hatte. Anno 1876 brachte aber ein Sohn Mildes, der Forstmeister auf dem kaiserlichen Gute Ploschkowitz gewesen war, seine Braut, eine schöne Wirtstochter aus dem Dorfe Ritschen bei Leitmeritz, nach Prag, um sie seinem Vater vorzustellen. Aber das Mädchen verliebte sich hier in den Bruder ihres Bräutigams, den Herrn Moritz Milde, Absolventen der Liebwerdaer landwirtschaftlichen Akademie, der damals Kanzleibeamter des Grafen Desfours in dessen Palais in der Florenzgasse (heute im Krasnopolskischen Besitz) gewesen war. Moritz Milde heiratete die Wirtstochter und zog mit ihr auf die »Zlatnice«. Einige Landsleute der jungen Frau, die in Prag studierten, kamen von Zeit zu Zeit zu Besuch und plauderten von der Heimat. Dabei wurde natürlich wacker dem Biere zugesprochen, das Herr Milde aus der »Generalka« holen ließ. Der Weg zur »Generalka« war aber weit, die Bierrechnungen, die zu bezahlen waren, wurden immer größer, und so beschloß Herr Milde, einen eigenen Bierausschank zu errichten. Als dann der russisch-türkische Krieg ausbrach und in Prag, wie überall, die Gemüter erhitzte, kamen einige Studenten auf die Idee, den gastlichen Engpaß oberhalb der Scharka mit dem damals populären Namen »Schipkapaß« zu belegen. Herr Milde war einverstanden und bot noch ein übriges, um das türkische Milieu zu vervollständigen. Er schaffte sich einen roten Fez an, und von da ab hieß er allgemein »Osman Pascha«, seine Frau »Suleika« und die Köchin »Zoraide«. Der Hund, der ohnedies »Sultan« geheißen hatte, brauchte sich keiner Namensänderung zu unterziehen.

Von da ab kann man alles im fünften Kapitel des Stroblschen Romanes »Der Schipkapaß« nachlesen, der im Jahr 1907 in der »Bohemia« erschienen ist. Hier ist Osman, sind die Räume und Einrichtungen des Wirtshauses, die Gäste, der verdienstvolle emeritierte Balkanverwalter »Abraham« und die Landschaft meisterlich beschrieben.

Aber auch nicht durch die Brille des Poeten gesehen, ist das Milieu dieses west-östlichen Diwans interessant. In dem »Balkanbuch«, in dem Osman Pascha mit minutiöser Genauigkeit und mit der ihm eigenen Derbheit täglich die ruhmreichen Taten eingeschrieben hat, welche die »Flamender«, die »Oberflamender« und die »Veteranenflamender« am nahen »Königsee«, im »Observatorium«, im »Adlersaal«, im »Spiegelsaal« und in der »Hofküche« vollbracht haben, findet man den Namen manchen Mannes, der später bewiesen hat, daß er sich auch bei ernsterem Beginnen den Erfindungsgeist und die Tatkraft bewahrt hat.

Das Lied vom Kanonier Jaburek

An den Korridorwänden in den Kasernen hängen Schlachtenbilder, Porträts ruhmreicher Feldherren, Gedenktafeln für gefallene Soldaten des Regiments. Alles in schönen Rahmen. Dann hängt noch in jedem Kompaniegang ein »Verzeichnis der Gastlokale, deren Besuch der Mannschaft untersagt ist«. Diese Tafeln haben den schönsten Rahmen. Mit Recht. Denn in Friedenszeiten kann der Soldat seinen kriegerischen Sinn und seine persönliche Tapferkeit nirgends so gut erweisen wie in den Wirtshäusern. Und in den »Gastlokalen, deren Besuch der Mannschaft untersagt ist«, wurde eben dieser kriegerische Sinn und diese persönliche Tapferkeit ruhmreich erprobt. Also ist es nur löblich, daß dieses Verzeichnis der Kriegsschauplätze und Schlachtfelder kostbar eingerahmt wird.

Die Schlachten werden manchmal gegen Zivilisten geführt. Diese sind aber verächtliche Gegner. Sie haben keine Waffen. Man wirft die Kerle einfach hinaus, und gut ist's.

Ernster ist es schon, wenn sich zwei Teile unserer Armee, jener, der dem Reichskriegsminister, und jener, der dem Landesverteidigungsminister untersteht, wacker bekriegen. Wer nie einen Fernkampf der Biergläser oder einen Nahkampf der Ohrfeigen mitgemacht hat, der sich zwischen den Angehörigen der Landwehr und jenen des Heeres entsponnen hat, der kennt euch nicht, ihr himmlischen Mächte, die ihr von Zeit zu Zeit die Militärbehörden veranlaßt, das Verzeichnis der verbotenen Gastlokale um eine neue Nummer zu bereichern.

Ob es nun bei Trunk oder Tanz ist – immer kommt die Rivalität zwischen den Teilen der Wehrmacht zum Ausdruck, immer ist diese in zwei Gruppen gespalten. Ja, selbst wenn eines jener Soldatenlieder,

Kanoniere auf dem Burgwall des Vyšehrad, im Hintergrund Teile der Neustadt (etwa 1896)

deren Absingung im Felde die Offiziere nur nach Gewaltmärschen nachsichtig und stillschweigend dulden, im Wirtshause angestimmt wird, stört die friedliche Gruppe durch ein anderes Lied die Harmonie der Stimmen. Nur eine Ausnahme gibt es: das Lied vom Kanonier Jaburek. Zu dessen Gesang vereinigen sich Landwehrmänner mit Heeressoldaten, die Träger der schwarzen mit jenen der grauen Mützen, Infanteristen und Sanitätssoldaten, die Soldaten, die Wunden schlagen, und die Soldaten, die Wunden lindern, die Pioniere, die im Kriege Bauten errichten, und die Artilleristen, die im Kriege Bauten zerstören. Es ist ein hochheiliger Kantus.

Die einmütige Ehrung, die dem Liede zuteil wird, ist ein Beweis vom Sinn für kriegerische Heldentaten. Denn der Kanonier Jaburek, über dessen Persönlichkeit leider weder das deutsche noch das tschechische Konversationslexikon etwas zu verzeichnen wissen, ist ein Mann, gegen den die anderen Helden der Kriegsgeschichte aller Zeiten und Völker ein Nichts darstellen. Der vielbesungene Leonidas zum

Beispiel hat bei der Verteidigung des Engpasses von Thermopylae – wie ein zeitgenössisches Marterl meldet – nicht anders gehandelt, als »wie das Gesetz es befahl«. Aber der Kanonier Jaburek! Wo steht im Wehrgesetz geschrieben, daß jemand, dem der Kopf wegfliegt, sich noch entschuldigen muß, daß er seine Hände nicht salutierend an den Kopf legen könne, wo steht im Exerzierreglement, daß jemand ... aber dem Liede sei nicht vorgegriffen.

Die Epopöe hat siebzehn vierzeilige Strophen und ist in tschechisch-deutscher Sprache abgefaßt. Eigentlich ist sie tschechisch, aber sie ist von militärischen Ausdrücken, wie »Feuerwerkr«, »Kmán« (Gemeiner), »Lunte«, »meldovati« und deutschen Flüchen derart durchsetzt, daß vom Tschechischen nicht viel übrigbleibt. Komponist und Textdichter des Liedes sind, wie jene des Liedes »Prinz Eugen, der edle Ritter«, nicht bekannt. Das Lied vom Kanonier Jaburek behandelt – wie vielleicht schon der Name erraten läßt – die Geschichte des Kanoniers Jaburek. Dieser hat in der Königgrätzer Schlacht im dichtesten Kugelregen, während sich Gemeine, Chargen, Offiziere, Pferde und Kanoniere (man beachte die Reihenfolge dieser Rangliste) in ihrem Blute wälzten, seinen Heldenmut bewährt:

Bei der Kanone dort
Stand er und lud in einem fort,
Bei der Kanone dort
Stand er und lud noch fort.

Jedesmal, wenn eine seiner zwei Zentner schweren Kanonenkugeln in die preußischen Reihen einschlägt, hört man auf der Gegenseite auf Jaburek fluchen. Aber dieser schießt weiter. Der General, der von Jabureks tapferem Verhalten gehört hat, eilt herbei und bietet diesem einen Trunk aus seiner Feldflasche an. Aber der Kanonier weist die freundliche Aufforderung mit der noch freundlicheren

Aufforderung ab, der General möge seine Spassetln für sich behalten, ihm auf den Buckel steigen und ihn weiter schießen lassen:

Bei der Kanone dort
Stand er und lud in einem fort etc.

Der Held schießt wie ein Wahnsinniger und zertrümmert ein feindliches Regiment. Kronprinz Friedrich von Preußen reitet vorbei und sieht den Recken – oder, um mit den Worten des Liedes zu sprechen:

V tom ho viděl kronprinc Friedrich:
Her je den Kerl erschieß ich.

Der Kronprinz selbst feuert gegen Jaburek, und die ganze preußische Armee erwählt sich das gleiche Ziel, um sich beim Kronprinzen einzuschmeicheln. Eine Kartätsche fliegt dem Artilleristen durch den Mund in den Magen, aber der Getroffene nimmt sie schnell wieder heraus und schießt ruhig weiter. Eine gegnerische Petarde reißt dem Schützen beide Arme ab, doch er zieht schnell seine hohen Stiefel aus und schießt mit den Füßen weiter. Schon aber kommt, von einem preußischen Freiwilligen (»prajský frajbilik«) gefeuert, ein Schrapnell herangeflogen und reißt Jabureks Kopf ab. Der Kopf fliegt am General vorbei und meldet diesem im Vorübergehen, daß er nicht salutieren könne. Aber Jaburek selbst steht noch immer bei der Kanone dort und ladet in einem fort. Endlich wird seiner Aufopferung eine Grenze gesetzt: Der Feind schießt auf seine im Fluge befindlichen Geschosse, und diese fallen in die eigenen Reihen zurück. Da gibt Jaburek das Laden auf (bei dieser Strophe soll der Refrain entfallen), er packt seine Kanone und eilt aus der Schußlinie. Dafür aber – für die Rettung der Kanone nämlich – wird er geadelt und heißt von da ab »Edler von die Jaburek«. Er hat jetzt den Adelsstand, und über das Fehlen seines Kopfes tröstet er sich mit dem Bewußtsein, daß – das Lied schließt sehr gehässig – die kopflosen Adeligen angeblich doppelt geachtet seien. Auf seinem Wappen stehen die Worte:

Bei der Kanone dort
Stand er und lud in einem fort,
Bei der Kanone dort
Stand er und lud noch fort.

Dieses ist das Lied vom Kanonier Jaburek, dessen Namen die Kriegsgeschichte verschweigt. Aber sein Ruhm lebt im zechenden Soldatenkreise weiter, und jedesmal, wenn das Lied den Refrain »laden« bringt, nehmen die Sänger dem tapferen Recken zu Ehren eine stärkende Ladung zu sich. Und das Lied hat siebzehn Strophen.

Die Kuchelbader Schlacht

Der eine war kugelrund, der andere trug einen dunkelblonden Vollbart – ich erinnere mich genau an beide –, ich weiß noch nach fünfunddreißig Jahren ihre Namen, und ich glaube, ich würde sie wiedererkennen, obwohl nichts weiter an ihnen charakteristisch war als die Kugelrundheit des einen und der Vollbart des anderen.

Wir waren kleine Pennäler. Und wenn wir über den Prager Graben liefen, so bestaunten wir die, die Gymnasium oder Realschule hinter sich hatten und zum Zeichen dessen paarweis gingen und eine Tellermütze auf dem Kopf trugen, ein Ziel, aufs innigste zu wünschen. Hatten sie aber keine Tellermütze an, so trugen sie um den Kopf einen Verband, der »Schweißkorb« heißt, ohne daß das »w« ausgesprochen wird. Sie hatten Heftpflaster im Gesicht und einen Ebenholzstock mit kreisrundem weißem Knauf in der Hand und ein verschnörkeltes Abzeichen, den »Zirkel«, im Knopfloch. Allesamt imponierten sie uns Kindern, als ob wir ausgewachsene Philister gewesen wären (»Die Philister sind uns gewogen zumeist«, heißt es mit Recht in einem Studentenlied), aber am meisten imponierten uns zwei bemooste Häupter: der Kugelrunde und der mit dem dunkelblonden Vollbart.

Denn über diese zwei war uns zugeflüstert worden, sie hätten schon an der Kuchelbader Schlacht teilgenommen.

Man denke, an einer Schlacht. An diesem Wort änderte sich nichts durch die Ortsbestimmung, obwohl sich dadurch etwas hätte ändern können. Kuchelbad, Ziel von sonntäglichen Landpartien kleinster Kleinbürger, lag so nah von Prag wie eine Kuchel vom Bad, und man erwähnte es nur geringschätzig. Wurde erzählt, daß Frau X ins Bad fahre,

Auf der Pferderennbahn des »Böhmischen Rennvereins« in Kuchelbad (Chuchle) bei Prag, 1909

so bemerkte ihre Nachbarin bissig: »Ja, ins Kuchelbad!« Und Couplets machten sich über den billigen Sonntagsort lustig.

Wir jedoch hörten von den Worten »Kuchelbader Schlacht« nur das zweite, und der Kugelrunde und der Vollbärtige flößten uns als Teilnehmer an einer Schlacht so nachhaltigen Respekt ein, daß ich ihre Namen noch weiß und glaube, sie wiedererkennen zu können.

Ich habe von ihnen nie mehr etwas gehört, wohl aber von der Kuchelbader Schlacht. Eigentlich war sie, in militärischem Sinne gesprochen, gar keine Schlacht, sondern ein Treffen. Noch eigentlicher kann man von ihr in militärischem Sinne überhaupt nicht sprechen. Es war ein Treffen ohne Gewehr- und Kanonenschüsse, ein Treffen mit Bierkrügeln und Steinen. Verletzte gab's allerdings, und eine gewisse historische Bedeutung kann man der Soi-disant-Schlacht nicht absprechen. Es war das erste Mal, daß sich der Nationalitätenkampf in Tätlichkeiten entlud, es war der Auftakt zu Zusammenstößen, die sich in Intervallen ein Menschenalter lang wiederholten, bis in anderen Schlachten sich entschied, was die Kuchelbader Schlacht nicht entschieden hatte.

Man schrieb 1881, das zweite Jahr des Versöhnungsministeriums Taaffe. Eben hatte der Wahlkampf um die Mandate der Prager Handelskammer eingesetzt. Die von tschechischer Seite aufgestellte Kompromiß-Kandidatenliste war von vornherein vollkommen aussichtslos gegenüber der deutschen, da die Wahlordnung ebenso unlogisch wie ungerecht war. (Sie wurde später vom Handelsminister Pino durch eine andere ersetzt.) Die Hoffnungslosigkeit der Agitation erzeugte eine gewitterschwüle Stimmung. Bereits am 18. Juni 1881 war die Bude der Burschenschaft »Carolina« in Weinberge förmlich belagert und die Menge von einem Trainoffizier zur Stürmung des Lokales aufgefordert worden. Das Dazwischentreten der Polizei verhinderte das Vorhaben, und mehrere Verhaftungen wurden vorgenommen; den Offizier verurteilte das Militärgericht zu einer zweimonatigen Freiheitsstrafe.

Am 27. Juni 1881, dem Tage, an welchem die Handelskammerwahlen mit dem Sieg der offiziellen deutschen Liste endeten, feierte das Korps »Austria« – die »Schwarzen Austern«, wie man sie wegen der Farbe ihrer Kappen nannte – das Fest des zwanzigjährigen Bestandes. Zahlreiche Vertreter österreichischer und reichsdeutscher Korporationen waren eingetroffen. Die Auffahrt fand von der Couleurbude in der Inselgasse, dem Gasthaus »Zum goldenen Fassel«, aus statt. In vierzig offenen Fiakern, in Vollwichs samt Paradespeeren, gestiefelt und gespornt, fuhren die deutschen Studenten mit Fahnen und Standarten durch die infolge der Wahl erbitterte Stadt. (Ob die Ideale meiner Knabenzeit, der Kugelrunde und der Dunkelblond-Vollbärtige, in einem von den vierzig Fiakern saßen, wird sich niemals feststellen lassen. Dagegen läßt sich feststellen, da es die deutschen Blätter mit bitterem

Hohn, die tschechischen mit höhnischer Bitterkeit verzeichneten, daß im letzten Wagen der Fuchsmajor der »Austria« fuhr, ein Prinz Thurn-Taxis, dessen Vater in der Revolution 1848 eine führende Rolle auf tschechischer Seite gespielt hatte.)

Unterwegs wurde die Kolonne durch Zurufe verspottet, beim Konviktsaal die Aussteigenden mit Pfiffen empfangen. Die ganze Polizeibereitschaft rückte an, um einen Ausbruch der unleugbar bedrohlichen Stimmung zu verhindern.

Für den nächsten Tag, den 28. Juni, war ein Ausflug der Festteilnehmer nach Kuchelbad mit einem Sonderdampfer angesagt. An diesem Morgen erschien in den »Národní listy« unterhalb des Vergnügungsanzeigers ein Inserat: »Heute nachmittags Stelldichein in Kuchelbad, wer kann, der komme, die Schraubendampfer verkehren während des ganzen Nachmittags.« In der Anklageschrift gegen einige Teilnehmer an der Kuchelbader Schlacht hieß es später: »Man muß es hauptsächlich dieser Aufforderung zuschreiben, daß an demselben Nachmittag eine große Anzahl tschechischer Studenten und anderer Gäste sich in Kuchelbad einfand«; und der Staatsanwalt von Rapp steigerte sein amtliches Pathos zu der Erklärung, der Einsender des Inserates könne füglich als der intellektuelle Urheber des inkriminierten Vorfalles bezeichnet werden.

Die »Schwarzen Austern« und ihre Gäste hatten sich nach der Ankunft in Kuchelbad im Garten des oberen Restaurants niedergelassen. Nachmittags konzertierte dort die von ihnen bestellte Kapelle des 36. Infanterieregiments. Vor dem Garten standen mehrere Gendarmen mit aufgepflanztem Bajonett. Gegen halb vier Uhr kamen tschechische Studenten gruppenweise in die Gasthäuser Kuchelbads und zogen aus diesen in den Garten, in dem die Deutschen saßen.

Plötzlich ging ein starker Regen nieder. Die Austrianer begaben sich in die Veranda, während die tschechischen Studenten in das Vorhaus des Hauptgebäudes einkehrten.

»Als die deutschen Studenten einsahen«, heißt es in der Anklageschrift, »daß das tschechische Publikum immer mehr anwachse und mehrere Personen aus demselben durch aufwieglerische Reden und Lieder und durch exzentrisches und provokatorisches Benehmen das tschechische Publikum zu Exzessen gegen sie aufreize, wurden zwei Herren nach Prag zur Statthalterei entsendet und gleichzeitig die anwesenden Damen nach Prag in Sicherheit gebracht. – Der Vizepräsident der Statthalterei schickte einen Bezirkskommissär aus Smichow nach Kuchelbad, der aber nicht in Uniform erschien. Achtzehn Gendarmen nahmen im Garten Aufstellung. Die versammelten Tschechen begrüßten den Kommissär mit Sláva-Rufen; während sie bisher Nationallieder gesungen hatten, erhoben sie sich plötzlich und stimmten das Kaiserlied an. Nun verlangten einige Tschechen vom Kommissär, er möge die deutschen Studenten veranlassen, beim Absingen des Kaiserliedes die Kappen abzunehmen. Ebenso wurde der Kapellmeister von den Tschechen aufgefordert, das ›Gott erhalte‹ zu spielen; dieser erwiderte, er sei von den deutschen Studenten engagiert und halte sich an das Programm. Die Deutschen erklärten dem Kommissär, daß das Kaiserlied eine Vereinshymne der ›Austria‹ sei und immer primo loco gesungen werde, aber sie würden sich keine Vorschriften machen lassen, wann sie es anzustimmen hätten. Nachher intonierte die Musik« (sic!) »die Kaiserhymne, die deutschen Studenten erhoben sich und sangen entblößten Hauptes mit.«

Die Menge wuchs immer mehr an, ein abgeschälter Weidenstock wurde auf die Deutschen geworfen, zahlreiche Zurufe ertönten, und die Bedrohlichkeit steigerte sich von Minute zu Minute. Da der Sonderdampfer, der inzwischen andere Fahrten gemacht hatte, wieder anlegte, ersuchte der Kommissär die

Deutschen, sich vor Einbruch der Dunkelheit auf das Schiff zu begeben. Im gleichen Moment wurde das Klirren eines geschleuderten Glases hörbar, und bald darauf flog ein zweites über die Köpfe der Gendarmen zwischen die deutschen Studenten, während diese, von den Gendarmen eingeschlossen, zum Dampfschiff gingen. »Sodann«, führt die Anklageschrift aus, »folgte ein allgemeines Bombardement von Gläsern, und hinter den Gärten wurden den deutschen Studenten Steine nachgeschleudert. Diese Verfolgung erstreckte sich bis zur Eisenbahnaufschüttung hinter den Kuchelbader Gärten, worauf die Menge nach allen Seiten auseinanderstob, und es geschah dies mit einer solchen Schnelligkeit, daß es den Gendarmen nicht möglich war, auch nur einen einzigen der Angreifer auf dem Tatorte zu verhaften.«

Vier deutsche Studenten wurden, erheblich verwundet, an Bord getragen, fünf waren leichter verletzt. (Der Kugelrunde und der Vollbart waren nicht darunter, ich habe nachgesehen.) In Prag wurde das Schiff von einer tausendköpfigen Menge erwartet, die von der Eisenbahnbrücke aus Steine in den Dampfer warf. Sechzig Polizisten räumten die Straßen und nahmen viele Verhaftungen vor.

An den folgenden Tagen kam es zu Ausschreitungen. Im Deutschen Haus und im Deutschen Landestheater wurden einige Scheiben eingeschlagen, Couleurstudenten insultiert. Die Sicherheitswache erhielt »als Anerkennung für ihre aufreibende Tätigkeit in diesen Tagen« vom Ministerpräsidium eine besondere Entlohnung von viertausend Gulden bewilligt, und dieser Beschluß wurde verlautbart, was als antitschechische Stellungnahme der Regierung gedeutet werden mußte.

Massenverhaftungen und Verurteilung wegen Auflaufs und öffentlicher Gewalttätigkeit setzten ein, vier tschechische Studenten wurden für immer, einer für vier Semester relegiert, drei Rechtshörer erhielten Verweise, einer verschärft mit dem Consilium abeundi. Gleichzeitig begann eine langwierige Voruntersuchung, die Mitte September zu einem mehrtägigen Strafprozeß gegen drei Angeklagte führte; er endete mit der Verurteilung zweier Angeklagter, eines tschechischen Schauspielers zu fünf Monaten und eines Brauereibesitzersohnes zu drei Monaten schweren Kerkers.

Im Ausland gab es Kundgebungen, im österreichischen Reichsrat Gelegenheit zu nationalen Debatten von großer Schärfe, in Prag wurden hüben die Verletzten und drüben die Verurteilten als Helden geehrt, und ich habe mir bis zum heutigen Tag von zweien, die angeblich an der Kuchelbader Schlacht teilgenommen, die Namen und das Äußere eingeprägt: eine Kugel und einen Bart.

Oberst Redl in Zahnbehandlung

Es ist eine stille Gasse, die Alešgasse in Dejwitz. An beiden Seiten sind Bäumchen gepflanzt, und von der unmittelbar angrenzenden Prager Gasse von Bubentsch winkt dichtes Laubwerk der Kastanienallee herüber wie ein Wald. Hieher kommt selten ein Wagen, geschweige denn ein Automobil. Und wenn gar in dem Automobil ein Generalstäbler sitzt, auf dessen gesticktem Goldkragen drei Oberstensterne funkeln, dann wissen sich die biederen Bewohner der Alešgasse vor Staunen über die Ehre, die ihrer Gegend widerfährt, gar nicht zu fassen. Vielleicht ist unter ihnen ein Infanterist, und der erzählt dann der aufhorchenden Nachbarschaft, daß es kein anderer ist als der Generalstabschef selbst, der da in die Gasse kommt, der Mann, der die Kriegspläne ausarbeitet und bewahrt.

Der Generalstabschef und sein Automobil waren beileibe nicht bloß zufällige Passanten dieser Gasse, sondern sie kamen fast allabendlich, und immer entstieg der Oberst vor dem Hause Nr. 241 seinem aufsehenerregenden roten Galaauto, um erst nach einer Stunde, manchmal auch noch später, zurückzukehren. Wohin er ging, hatten die Neugierigen bald heraus. Er verschwand immer in der Türe, die nur die Aufschrift »Zahnambulatorium« schmückte. Was er aber dort tat, das wußte niemand.

Und nun kam die Nachricht: Oberst Redl war ein Spion. Ganz Österreich, die ganze Welt war von der aufregenden Entdeckung voll, aber gewiß war nirgends die Aufregung größer als in der Alešgasse zu Dejwitz. Und stärker als je drängte sich dort die Frage auf die Lippen aller: Was hatte Oberst Redl in dem Zahnambulatorium gemacht? Aha: Deshalb war er also häufig in Zivil hiehergekommen und oft mit dem geheimnisvollen Doktor, der gar nicht in

Oberst Alfred Redl (links) mit dem Prager Korpskommandanten Arthur Giesl Freiherr von Gieslingen, diesmal nicht im roten Galaauto (1913)

dem Hause wohnte und von dem man nichts wußte, davongefahren!

Die Gerüchte drangen auch zu uns, und einer unserer Berichterstatter machte noch abends dem Zahnambulatorium einen Besuch. In dem fast unbeleuchteten Hause war es schwer, sich zurechtzufinden. Aber schließlich wies eine Frau, die mit Bierkrug und Kind von der Stiege kam, den Weg.

»Dort drüben ist das Ambulatorium, aber es ist jetzt niemand dort. Hier rechts wohnt, glaube ich, der Assistent.«

Also zum Assistenten! Auf das Läuten hin stekken zwei Frauen in Küchenjacken den Kopf aus der Türe auf den stockdunklen Korridor.

»Was wünschen Sie?«

»Ich möchte mit dem Herrn Doktor sprechen.«

»Mit welchem, bitte: Molek oder Waltera?«

»Mit Herrn Doktor Molek«, antwortete der Journalist, der beide Namen zum ersten Male hörte.

»Der ist nicht da.«

»Also mit Herrn Doktor Waltera.«

»Einen Augenblick.«

Ein Augenblick dauert fünf Minuten; auf den Korridor dringt durch die wieder geschlossene Türe der Lärm, den ein Stuhl beim Umstoßen verursacht, ein Kind weint, ein Streichholz wird angezündet, die Türe öffnet sich wieder, und ein junger Mann kommt auf den Gang und stellt sich vor: »Waltera.«

»Ich bitte, ich bin von der Zeitung. Ich möchte gerne wissen, ob es wahr ist, daß Oberst Redl hier verkehrt hat.«

Der junge Mann zögert einen Augenblick und sagt dann: »Jawohl, der hat sehr oft hier verkehrt. Seit langer Zeit mehrere Male in der Woche. Er hat sich hier die Zähne behandeln lassen… Von welcher Zeitung sind Sie, bitte?«

»Von der ›Bohemia‹.«

»Wer hat Ihnen das gesagt, daß der Herr Oberst hier verkehrt hat?«

»Es spricht sich doch alles herum. Der Fall hat soviel Aufsehen hervorgerufen, und der Oberst soll hier im Automobil vorgefahren sein, manchmal in Zivil.«

»Ja, manchmal auch in Zivil, aber viele Offiziere kommen zu uns in Zivil.«

»Es kommen also viele Offiziere her?«

»Ja, der Herr Doktor Molek ist Regimentsarzt, und da kennt er die Herren alle. Der Herr Doktor selbst hätte Ihnen am besten Auskunft geben können, er ist aber nicht hier.«

»Nun, mich hat nur interessiert, was dem Obersten Redl eigentlich fehlte, ob seine Zahnbehandlung viel kostete…?«

»Gezahlt hat er gar nichts. Ich führe die Bücher und weiß es also. Natürlich, jetzt nach dem Tode werden wir gar nichts kriegen. Dabei war die Behandlung schon fast fertig, ich habe nur mehr sein Zahnfleisch behandelt.«

»Was hat ihm eigentlich gefehlt?«

»Ich möchte Ihnen nichts sagen. Das ist so ein heikler Fall... Sie können sich vorstellen, wie uns das berührt hat. Ich sehe ihn noch immer vor mir, wie er im Ordinationszimmer sitzt. Und der Herr Doktor war doch gar gut mit ihm – das heißt, ›gut‹ kann man nicht sagen, der Herr Doktor steht mit allen Patienten auf bestem Fuße. Na und jetzt: So ein Ende! Wer hätte das geglaubt, wer hätte das geglaubt.«

Wer hätte das geglaubt, in der Alešgasse, daß Oberst Redl im Zahnlaboratorium war, um sich die Zähne behandeln zu lassen.

Paul Wegener (Mitte) als titelgebende Figur in seinem Film »Der Golem, wie er in die Welt kam« (1920), Albert Steinrück (rechts) als Rabbi Löw sowie Ernst Deutsch als dessen Gehilfe

Den Golem wiederzuerwecken

I

Er wohnte im Anbau der hölzernen Synagoge von Wola-Michowa, einem Nest in den Waldkarpaten, und dort lag, als wir in Reservestellung zurückgenommen wurden, unsere Kompanie. Aus und nach Wola-Michowa sprang das Trommelfeuer, der kleingewachsene Jude blieb und erduldete Einquartierungen von Russen, Deutschen und Österreichern; eine Ecke des Zimmers hatte er als Schlafstätte für sich, seine Frau und seinen elfjährigen Sohn hergerichtet und durch einen Vorhang aus zwei Zeltblättern vom übrigen Teil des Raumes abgetrennt.

Hinter dem Ofen lagen, durcheinandergeworfen, Bücher. Die vielen, vielen Soldaten, Offiziere auch, dürften oft lektürehungrig nach ihnen gegriffen haben, aber es waren durchweg hebräische Drucke, und sie flogen rascher, als sie in die Hand genommen worden waren, auf den Haufen hinter dem Herd zurück. Ich mochte etwas länger in einem der Lederbände geblättert haben, und so entstand aus seiner Frage »Ihr könnt das lesen?« ein Gespräch.

Als der Name Prag fiel, schaute er überrascht auf, und es war an mir, wissen zu wollen, ob er die Stadt kenne. »Ob *ich* Prag kenne!« rühmte er sich mit verschmitzter Glückseligkeit, aber auf meine Frage, wann er dort gewesen sei, antwortete er: »Noch nie im Leben war ich dort.« – »Wie könnt Ihr also sagen, daß Ihr's kennt?« – »Ich hab's gelernt.« Und er holte aus der Unordnung beim Ofen einen veralteten deutschen Reiseführer von Prag hervor. »Ich hab's gelernt, ich kenn mich aus in der Stadt, vielleicht weiß ich mehr von Prag als ein Prager!« – »Weshalb interessiert Euch gerade diese Stadt?« – »Ich will einmal hinfahren. Prag ist eine schöne Stadt, eine fromme Kille.« Vorsichtig fügte er hinzu: »Kann sein, ich fahre auch anderswohin …«

Später gestand er mir: Vor allem interessiere ihn in Prag das Grab des Hohen Rabbi Löw und die Stätte, wo der Sage nach der Golem liege, die Lehmfigur, die einst der Hohe Rabbi Löw geformt und der er Leben eingehaucht hatte. »Wo liegt er denn?« Er machte Ausflüchte, das wisse er nicht genau, aber in Prag werde er's schon finden.

Eines Abends suchte ich mir den Reiseführer von Prag hinter dem Herd hervor; im Stadtplan fanden sich Bleistiftstriche, die die Altneusynagoge mit zwei Gäßchen der Judenstadt verbanden und von dort durch die Neustadt und die Vorstadt Žižkov zum Rand der Karte führten. Bei unserem nächsten Gespräch bemerkte ich, ich hätte einmal gehört, der Golem liege in der Altneusynagoge. Der kleine Jude nickte verneinend. »Ich weiß, warum Ihr das glaubt, Ihr kennt dieses Buch da, nicht wahr?« Nein, ich kannte den dunklen Lederband nicht, den er mit blinder Sicherheit aus dem Foliantenchaos herausgriff und mir vorzulesen begann.

In der Einleitung war ein Gutachten von Dr. A. Berliner, Dozent am Berliner Rabbinerseminar, zitiert, dieses Buch sei ein Sammelsurium des Aberglaubens und sollte nicht gedruckt, sondern verbrannt werden, ein vernichtendes Urteil, dem der Herausgeber die Antwort entgegensetzt: »Verbrannt soll der werden, der an bewiesene Tatsachen nicht glaubt!«

Der Tempelbewohner von Wola-Michowa war ganz dieser editorialen Ansicht, er zweifelte nicht an der Richtigkeit der in diesem Buch enthaltenen Mitteilungen, wenn er sie auch für unvollständig hielt. Besaß er doch die Fortsetzung, eine handschriftliche Familienchronik, über die er allerdings mit mir erst sprach, als wir miteinander fast befreundet waren und ich ihm hoch und heilig geschworen hatte, nicht nach der Golemfigur zu forschen, bevor er zu mir nach Prag kommen werde. Den dunklen Lederband aber schenkte er mir.

Der Text des Titelblattes lautet: »Meisse punem (Seltsame Geschichten); da sind beschrieben die Maufsim (Wunder) von dem großen berühmten Welts-Gaon (Koryphäe), welcher genannt wird mit Namen Maharal Miprag – Secher zadik wekodosch liwrocho (das Andenken des Frommen und Heiligen sei gesegnet) –, die er vollbracht hat mit Hilfe von dem *Golem*; beloschen hakodosch we-iwri-deutsch (in hebräischer und jüdischer Sprache), Mouzi leor (verlegt) durch Hirsch Steinmetz in Frisztak, Druck von E. Salat in Lemberg, Bi'Sch'nas (im Jahre) 5671.«

Das Buch erzählt, aus welchem Grunde und in welcher Weise nach einer auf dem Hradschin erfolgten Unterredung zwischen Kaiser Rudolf II. und dem Hohen Rabbi Löw dieser dem Golem die Lebenskraft wieder genommen habe. Eine Audienz des Rabbi Löw bei Rudolf II. ist historisch beglaubigt. »Heute am Sonntag, den 10. Adar des Jahres 5352 nach Erschaffung der Welt (23. Februar 1592) erging«, so verzeichnet Rabbi Isak Kohen in seinen Memoiren, »durch den Fürsten Berthier ein Befehl des Kaisers an Mordechai Meisel und Isak Weisl, daß sich mein Schwiegervater Rabbi Löwe in der Burg einfinden solle. Diesem Befehle gemäß begab er sich dahin, von seinem Bruder Rabbi Sinai und mir begleitet. Fürst Berthier führte meinen Schwiegervater in ein anderes Gemach, wo er ihm einen Ehrensitz anwies und ihm gegenüber Platz nahm. Der Fürst befragte ihn über die geheimnisvollen Dinge, sprach aber dabei so laut, daß wir alles hören konnten. Das laute Sprechen hatte seinen guten Grund, es geschah, damit der Kaiser, der hinter einem Vorhang stand, das ganze Gespräch hören könne. Plötzlich öffnete sich der Vorhang, die Majestät trat hervor, richtete an meinen Schwiegervater einige auf die Unterredung bezügliche Fragen und zog sich dann wieder hinter den Vorhang zurück. Den Gegenstand der Unterredung müssen wir aber, wie es bei königlichen Angelegenheiten üblich ist, geheimhalten.«

David Gans, Mathematiker, Historiograph und Freund des kaiserlichen Hofastronomen Tycho de Brahe, berichtet in seiner Chronik, daß Rabbi Löw zeit seines Lebens tiefstes Stillschweigen über den Besuch auf dem Prager Schloß beobachtet habe.

Ohne Zweifel wollte der in Astrologie und Alchimisterei tief versponnene Habsburger etwas über die kabbalistische Geheimwissenschaft erfahren. Daß Rabbi Löw, der Hohe, ihr huldige, war bekannt, und er selbst hat es zugegeben. »Wer diese meine Aussprüche versteht, weiß auch, wie sehr sie in der Weisheit der Kabbala begründet sind«, schreibt er in einer Polemik, und an anderer Stelle beginnt er mit den Worten: »Wenn man die Kabbala kennt, deren Lehren wahr sind…«

In dem angeführten Sagenbuch meines Wola-Michowaer Freundes wird nun als Todesanlaß des tönernen Homunkuliden eine nächtliche Audienz hingestellt, die der historisch beglaubigten um zwei Jahre voranging. Der Rabbi habe vom Kaiser die Zusage erlangt, von nun an dürfe niemand mehr die Beschuldigung des Ritualmords erheben und die Judengasse werde vor Ausschreitungen geschützt bleiben. In den darauffolgenden Ostertagen, 1590, kam es nicht mehr zu den alljährlich üblichen Exzessen gegen das Ghetto. Der Golem, vor allem zur Ausforschung von Verbrechen geschaffen, die man den Juden in die Schuhe schob, ward nun eine überflüssige Existenz und konnte beseitigt werden.

»Wieso hat der Maharal newaar gewesen (vernichtet) den Jossile Golem«, wird ausführlich beschrieben. Der rabbinische Pygmalion beruft seinen Schwiegersohn Jakob Katz und einen Schüler Jakob Sosson, den Leviten, zu sich, erklärt ihnen, man bedürfe des Lehmkolosses nicht mehr, und gibt dem Jossile Golem den Befehl, heute nacht nicht in der Gerichtsstube zu schlafen, sondern auf dem Dachboden der Altneusynagoge.

Es ist Lagbeomer, dreiunddreißigster der neunundvierzig Tage, die man zwischen Ostern und Pfingsten zählt. Um Mitternacht steigen die drei Männer auf den Dachstuhl. Bevor sie hinaufgehen, beginnt Jakob Katz (der Name »Katz« ist aus den Anfangsbuchstaben der Worte »Kohen zedek« gebildet und bezeichnet einen Abkömmling des palästinensischen Priesterstammes) einen Disput darüber, ob er als Kohen in die Nähe einer Leiche gehen dürfe; Rabbi Löw belehrt ihn, das Leben einer von Menschenhand aus Ton geformten Puppe sei kein Leben im göttlichen Sinne und ihr Tod kein Tod…

Ihr Tod kein Tod. Der christliche Romantiker Clemens Brentano, der Golemsage hingegeben, meint, nur das Wort erschaffe und belebe. Zerstöre man das Wort, so zerstöre man das Sein: »Der Meister braucht von dem Worte ›Anmauth‹ (Wahrheit), das er bei Erschaffung des Golems auf dessen Stirn geschrieben hat, nur die Silbe ›an‹ zu verlöschen, so daß das Wort ›Mauth‹ übrigbleibt, welches ›Tod‹ bedeutet; im selben Augenblick zerfällt der Golem in Lehm.«

So einfach ist aber die Sache nicht gewesen, wenn wir unserem Legendenbuch glauben sollen. Rabbi Löw, Jakob Sosson und Jakob Katz nehmen zu Häupten des schlafenden Golems Aufstellung – seinerzeit, als sie die Form, aus Lehm gebrannt, zum Leben erweckten, standen sie zu seinen Füßen. Ihre Blicke gegen seine Füße gewendet, beginnen sie die Zeremonie, umschreiten siebenmal den Körper, geheimnisvolle Formeln litaneiend. Während dieser Beschwörung steht Abraham Chajim, der alte Tempeldiener, mit zwei brennenden Kerzen an der Tür und sieht stumm zu. Bei der siebenten Um-Wandlung ist das Leben des Golems in den Tod umgewandelt, ein bekleideter Klumpen liegt da, verstummter Ton.

Der Magus ruft den Tempeldiener herbei, nimmt ihm die Kerzen aus der Hand, stellt sie zu Füßen der leblosen Figur nieder, zieht ihr die Kleider aus und wickelt sie in zwei Gebetmäntel. Acht Hände packen an, um den Lehmklotz unter einen Berg von hier aufgestapelten Büchern und Papieren zu schieben, so daß nichts, auch keine Zehenspitze, herauslugt. Die Kleider werden hinuntergetragen und verbrannt.

Am nächsten Tag wird ausgesprengt, Jossile Golem sei »brojges geworden«, in Zorn geraten, und nächtlicherweile entwichen, und zwei Wochen nach der Beschwörung dekretiert Rabbi Löw: Von nun an ist es niemandem erlaubt, den Dachboden der Synagoge zu betreten, Bücher und Schriften dürfen wegen Feuersgefahr nicht mehr dort aufbewahrt werden. »Aber einige kluge Leute«, so schließt das Buch, »haben gewußt, daß der Maharal Miprag das Verbot nur deshalb erlassen hat, damit man des oben liegenden Golem nicht gewahr werde.«

Bei dieser Stelle hatte mein galizischer Okkultist überlegen lächelnd den Kopf geschüttelt. In seiner handgeschriebenen Broschüre stand ja die Fortsetzung dieser Entzauberungsprozedur, er lächelte über die »klugen Leute«, die die Beerdigung auf dem Dach für das Ende der Geschichte vom Golem hielten.

Als ich ihn wiedersah, lächelte er nicht mehr. Eine Granate hatte seinen Sohn im Tempelanbau von Wola-Michowa zerrissen, und kurz darauf war seiner Frau etwas Furchtbares geschehen, er sagte nicht, was es war. »Sie liegt im Allgemeinen Krankenhaus, und ich habe kein Geld.« Wir setzten uns in ein Lokal, er aß fast nichts, und kein Gespräch kam zustande. »Und der Golem?« – »Ich werde ihn nicht mehr suchen.« – »Soll ich ihn suchen?« – »Machen Sie, was Sie wollen.«

II

Die Sage, das Dachgestühl der Altneusynagoge sei die Gruft des Golems, hat sich durch die Jahrhunderte erhalten. Als die im Jahre 1718 von Maier

Links die Altneusynagoge, rechts das Jüdische Rathaus, nach der sogenannten »Assanierung« der Josefstadt

Perls, Aktuar in Prag, erschienene Schrift »Megilath Jochasin«, die die Traditionen über die Wundertäterei des Hohen Rabbi Löw verzeichnet, in der Mitte des vorigen Jahrhunderts eine neue Ausgabe erlebte, behauptete der Herausgeber, daß die Figur des Golems noch auf der Bodenkammer der Altneusynagoge liege. Der Lemberger Rabbiner Joseph Saul Nathanson wollte den Raum betreten, doch wurde ihm dies mit der Begründung verwehrt, das Verbot des Rabbi Löw bestehe noch immer streng zu Recht. Vor kurzem habe der Prager Oberrabbiner Ezechiel Landau nach langem Fasten in Gebetmantel und Gebetriemen das Dach bestiegen, während seine Schüler Psalmen singen mußten; nach geraumer Zeit sei Landau mit verstörtem Gesicht zurückgekehrt und habe verkündet: »Niemand wage es mehr, die letzte Ruhe des Golems zu stören.«

Meine ersten Versuche, mir von den Tempelfunktionären den Schlüssel zum Dachgeschoß zu verschaffen, stießen auf Ablehnung. Im Innern des Tempels führe keine Treppe hinauf, bloß durch Emporklettern der Außenmauer sei die Bodenkammer zu erreichen, was bei den Straßenpassanten Aufsehen hervorrufen würde. Überdies seien Unfälle vorgekommen, an die sich unliebsame Diskussionen knüpften. (Die Ruthsche »Kronika Král. Prahy« teilt Verbote mit, die lange vor des Rabbi Löw Zeit erlassen waren.) »Man erzählt sich, nach der Vernichtung von Jerusalem hätten Engel einen Teil des Tempels Salomonis nach Prag getragen und den Juden befohlen, niemals dieses Gebäude auszubessern und nichts an ihm zu ändern. Wer sich dessen unterfange, müsse allsogleich sterben. Und so kam es, daß einmal, als die Ältesten der Judengemeinde das Gebäude renovieren ließen, nicht nur der Baumeister mit seinen Gehilfen vom Dache stürzte, sondern auch die Auftraggeber starben, bevor noch die Arbeit recht begonnen war.«

Seitdem in den siebziger Jahren ein Rauchfangkehrer auf die Straße herabstürzte und tot liegenblieb, ist niemand oben gewesen. Vor dem Ringtheaterbrand hatten noch nicht einmal die Eisenklammern hinaufgeführt, sie wurden erst im Jahre 1880 auf Anordnung der Feuerpolizei angebracht.

Schließlich erwirkte ich mir vom Tempelvorstand die Erlaubnis, auf das Dach klettern zu dürfen. Morgens um acht Uhr kam ich hin. Herr Zwicker, seit achtunddreißig Jahren des Hauses redlicher Hüter, riet mir dringend ab und stellte auf meine Frage, ob er schon einmal oben war, die Gegenfrage, ob er denn meschugge sei. Mit achselzuckendem »Von mir aus« händigte er mir den Schlüssel ein.

Ich überkrieche das Gitter, das den kleinen, kahlen Vorgarten an der Niklasstraße umschließt, zog eine Leiter hinüber und legte sie unterhalb der Eisenklammern an, deren tiefste erst zwei Meter über der Erdhöhe eingerammt ist, damit kein Unberufener emporsteige. Die Blicke erstaunter Passanten im Rücken, kletterte ich achtzehn Eisensprossen hinauf, die oben eine starke Biegung nach links beschreiben, schwang mich in die Spitzbogennische und sperrte die stöhnende Eisentür auf. Ich stand inmitten einer spitzen Pyramide, deren Boden sich in massiven Wellen wölbt.

Die Basis der Synagoge liegt so tief unter dem Straßenniveau, daß du auch hier oben auf keiner besonderen relativen Höhe bist; du siehst dich der Uhr des jüdischen Rathauses gerade gegenüber, deren Zeiger sich von links nach rechts bewegen. Durch mehrere Dachfenster dringt Licht herein. Es fehlt also nicht nur das Bewußtsein der Höhe, es fehlt auch das mystische Düster, das dich zum Beispiel im Giebelgeschoß des Sankt-Veits-Doms beklemmend umfängt.

Und doch bist du oberhalb der Altneusynagoge nicht minder unter dem Eindruck der Jahrhunderte als oberhalb der Kathedrale. Während die steinernen Wölbungen von Sankt Veit auch an ihrer den Betern unsichtbaren Außenseite sorgsam vertüncht und zu glatten, einheitlich grauen, geometrisch regelmäßigen Wellen gefügt sind, greifen die Bogen hier zackig und grob ineinander, dir ist, als stündest du in einer Gebirgslandschaft, flache Berge vor und neben dir und Täler. Oben im christlichen Dom kannst du unter dem Gebälk das Kirchenschiff auf breiten, festen Stegen überqueren, kannst rings um das Schiff auf breiten, festen Stegen gehen. Hier ist aber nur ein morsches Brett vom Eingang nach vorn gelegt, du prüfst mit dem Fuß dessen Festigkeit und entschließt dich dann, den Rundgang lieber auf dem Rücken der Wölbungen zu machen oder auf den Sparren zu balancieren und dich an den Trämen und Pfetten festzuhalten, ob auch deine Hände noch so tief in Staubschichten fassen, ob auch dein Gesicht noch so oft in Spinnweben stößt.

Über die Breitseite spannte sich eine Eisenstrebe; eine Leiter, mit Eisenklammern befestigt, führt zum

Schornstein. Ein altes Kaminrohr liegt auf dem Boden und das Gerippe eines Vogels, der hier einsam starb. Sonst siehst du nur Geröll und zerbrochene Ziegel. Schwämme wuchern in grotesken Formen, kopfabwärts hängt eine Fledermaus zwischen den Balken.

In den Senkungen der aneinanderstoßenden Wölbungen oberhalb der Widerlager ist der Schotter durch Kalkstaub und Feuchtigkeit zu einem Konglomerat geworden. Wenn darunter der Lehmskulptur des Rabbi Löw das Grab bereitet ist, niemals wird sie gefunden werden. Wollte man sie exhumieren, so stürzte der Tempel ein.

Wahrlich ein Raum, den Golem zu erschaffen und den Golem zu bestatten, wahrlich ein Raum für Mystagogen. Hier wäre ein Platz für das Laboratorium des Domherrn Claudius Frollo oder für das seines jüdischen Widerparts, des Rabbi Löw; hier wäre die rechte Schlafstube für das dumpfe Ungetüm, ob es nun Quasimodo oder Golem heißt, hier die geeignete Kulisse für eine Zusammenkunft des Königs von Frankreich mit dem Goldmacher in der Soutane, für den Kaiser von Deutschland mit dem Thaumaturgen im jüdischen Gebetmantel. Was ist denn Viktor Hugos »Nôtre Dame de Paris« anderes als die Golemsage, erhoben aus der Gedrücktheit des Prager Ghettos in die Himmelshöhe der Pariser Domtürme, aus der Geistesrichtung des Baal Schem in die des Pelagius von Eclamum. König Ludwig XI. holte sich Rat von dem zaubereibeflissenen Domherrn, so wie sich Rudolf II. mit dem wunderkundigen Rabbi besprach. Esmeralda weckt in dem unförmigen Quasimodo die Liebe wie – eine Prager Judensage vermeldet es – des Rabbi blankes Töchterlein in Quasimodos Prager Ebenbild. Pogrompöbel stürmt das Prager Judenviertel, und die Pariser Frauenkirche wird von den Bewohnern des verrufenen »Wunderhofs« gestürmt, deren Häuptling sich »Mathias Hunyadi Spicali, Herzog von Ägypten und Böhmen« nennt.

Die Fledermaus beginnt zu schaukeln. Wenn Fledermäuse erwachen, sollen sie sich in Menschenhaar verfangen. Vom Golem ist nichts zu sehen.

Ich trete in die Nische hinaus, die rostige Tür, hinter mir halb schließend, und schwinge mich auf die eisernen Sprossen, dann ziehe ich die Tür vollends zu, sperre ab und klettere hinunter. Die Zahl der Neugierigen hat sich erhöht.

Im Vorraum der Synagoge wasche ich mir im alten kupfernen Waschbecken die Hände. »No? Haben Sie den Golem gefunden?« forscht Herr Zwikker in einem Ton, in dem sich Neugierde mit jener Ironie mengt, die er »Nekome« nennen würde.

III

Die Kletterpartie aufs Dach der Altneusynagoge hat mir also keine Begegnung mit dem Golem vermittelt. Schon diese Tatsache hätte meinem Informator aus Wola-Michowa bestätigt, daß die Angaben im dunklen Lederband überholt seien.

Wohl habe am Lagbeomer der Hohe Rabbi Löw seinem modellierten Knecht das Leben wieder genommen und ihn unter der Makulatur in der Dachkammer begraben, »aber er ist nicht mehr dort, Ihr könnt mir's glauben. Er war schon nicht mehr oben, als der Maharal verboten hat hinaufzugehen. Abraham Chajim, der Schames, und sein Schwager haben ihn weggetragen. Schon in der nächsten Nacht, nachdem der Rabbi oben war ...«

Bedeutungsvoll hatte mein Wola-Michowaer Gastfreund sein Kleinod hinter dem Herd hervorgeholt, das Manuskript von sechzehn Oktavseiten in hebräischem Kursiv, mit Tabellen in Quadratschrift. Von einem Weisen habe er es, von einem Weisen, mit dem er sich in Przemyśl angefreundet. Nur achtzig Gulden habe es gekostet. Meinem naiven Freund schienen die Papiere alle Geheimnisse des

Seins zu enthalten. Wenn er sie glättete, war es, als ob er sie streichle.

Armer, vertrauensseliger, abergläubischer Dorfjude! Nichts stand in deinen Skripten davon, daß eine Granate dein Kind zerreißen wird, daß deine Frau geschändet und vernichtet werden wird. Nicht stand darin, du werdest deine Wundergläubigkeit verlieren, aus deiner Heimat verjagt, verzweifelt in Wien umherirren. Wie gleichgültig war der Golem dir geworden. Und im Jahre 1915 in Wola-Michowa hattest du mir so stolz aus der Schrift den Weg erklärt, den der tote Golem genommen und dem du folgen wolltest, um den starken Knecht wiederzufinden und wiederzuerwecken, den Versuch des Tempeldieners Abraham Chajim vollendend.

In jenem Tempeldiener Abraham Chajim war gleich nach der Entzauberungsszene der Wunsch erwacht, des Meisters ausrangierten Automaten für sich zu verwenden. Seine Worte merkt ich und den Brauch, und mit Geistesstärke, denkt der Zauberschames, tu ich Wunder auch.

Seinen Schwager und Berufskollegen, Abraham Secharja, Tempeldiener der nahen Pinkasschul, weihte er in den Plan ein, und sein Schwiegersohn, Ascher Balbierer, der sich mit mysteriosophischen Dingen beschäftigte, sollte feststellen, in welcher Weise der Golem zum Leben zu erwecken wäre. Nach einigen Tagen gab Ascher Balbierer an, im Sohar die Beschwörungsformel gefunden zu haben. Zu nächtlicher Stunde gruben die drei Männer den Jossile Golem aus dem Schriftenberg und trugen ihn durch die Belelesgasse und die Schebkesgasse – sie wollten die belebte Breite Gasse vermeiden – in den Keller des Hauses in der Zeikerlgasse, das zum Teil dem Ascher Balbierer gehörte und wo er auch wohnte.

Dort unten beginnen sie die Wiedererweckung. Sie nehmen jene Position ein, die Chajim den drei Rabbinern abgeguckt hat, sie umwandeln den Golem, ohne ihn von einem Toten zu einem Lebenden

Zeikerlgasse im jüdischen Viertel vor der »Assanierung« (1902)

umwandeln zu können. Siebenmal bewegen sie sich von seinen Füßen zu seinem Kopf. Ununterbrochen murmeln sie das hebräische »Walle, walle manche Strecke«, das Ascher Balbierer herausgefunden hat. Nichts wallt. Der Golem liegt da wie ein Klotz. Wie ein Klotz spottet er allen Wiederbelebungsversuchen. Ascher Balbierer tut erstaunt. »Das nenn ich tot sein!« Man versucht es von neuem. Nacht für Nacht.

Zu dieser Zeit brach in Prag die Pest aus, zwölfhundert Menschen starben. Als einzige aus der Zeikerlgasse wurde das von Ascher Balbierer heimgesucht, die beiden ältesten seiner fünf Kinder wurden hingerafft. Seine Gattin, Frau Gele, hatte schon vorher gegen die Aufnahme des Golems gezetert, weil sie fürchtete, im Falle einer Entdeckung würde ihr Vater seine Stellung wegen Vertrauensmißbrauchs verlieren, ihr Gatte und ihr Onkel wegen Überschreitung des rabbinischen Verbots bestraft werden. Außerdem hegte sie wohl kein sonderliches Vertrauen in die kabbalistischen Zauberkünste ihres Mannes. Und nun erkrankten noch die Söhne! Frau Gele war überzeugt, kein anderer als der Golem habe ihr das Unglück ins Haus gebracht, und als die Kinder starben, war es entschieden: Er mußte fort.

Nachdem die beiden Leichen gewaschen und vor den Trauergästen in die Särge gebettet worden waren, wurde insgeheim eines der Kinder wieder herausgenommen und zu dem anderen gelegt. In dem zweiten Sarg aber brachte man nun den Golem unter. Ein Karren fuhr die drei Körper in der Richtung gegen Sonnenaufgang auf den Pestfriedhof vor die Stadt.

Hier haben Abraham Chajim und Abraham Secharja den Sarg mit dem Golem auf den Galgenberg hinaufgetragen, »der da gelegen ist eine Meile und zweihundert Klafter vom Neustädter Tor, auf der Wiener Landstraße, und haben ihn eingescharrt auf der Seite, die der Stadt zugekehrt ist, am Abend des fünften Adar«.

So schließt die Geschichte im Manuskriptum. Der Sinn der Golemsage, der Wille zur Macht und seine Überwindung, ist darin zur zweiten Potenz erhoben: Dem Magier, der die Adamsschöpfung nachahmt, folgt der Diener, dessen Streben es ist, seinerseits einen Diener zu haben, und der sich nun im Keller mit Abrakadabra lächerlich abquält, einem Lehmklumpen das »Stehe auf und wandle« beizubringen.

Der Meister hat seinen Frevel selbst beseitigt, der Lehrling wird durch Aberglauben an seinem abergläubischen Beginnen gehindert, er hält den irdenen Gast im Keller für den mordenden Tod und verscharrt ihn auf dem Galgenberg.

Seltsam aber an dieser gewollt-ungewollten Allegorie, an dieser handschriftlich verschleißten Mystagogennarretei ist es, daß alle ihre Orts- und Zeitangaben mit historisch erwiesenen Tatsachen genauer übereinstimmen als die des gedruckten Buches. Während der im Buch erwähnte Schwiegersohn des Rabbi Löw namens Katz nirgends beglaubigt ist, hat es einen Tempeldiener der Pinkassynagoge, Abraham Ben Secharja, wirklich gegeben; sein Grabstein auf dem alten Judenfriedhof berichtet, daß Secharja im Jahre 1602 starb und dreißig Jahre lang besagtes Amt bekleidet hat, also in der Zeit, in der die Sage spielt.

Auch die Angaben des Weges in die und von der Zeikerl (Zigeuner)-Gasse entsprechen lückenlos dem zeitgenössischen Plan Prags, »Prage Bohemica Metropolis Accuratissime expresse 1562«, dessen Original in Breslau erhalten ist. Zweieinhalb Kilometer von den Zinnen der Stadtmauer, vom Neutor entfernt, sehen wir auf der Karte den Galgenberg mit Rad und Galgen.

Dort draußen in Žižkov, auf dem niederen Sandsteinhügel, der »Židová pece«, Jüdischer Backofen, heißt, wurden jahrhundertelang die Armensünder vom Leben zum Tode gebracht. Der letzte hieß Wenzel Fiala, war ein junger Kellner und hatte seine Geliebte umgebracht; am 18. Juni 1866 fuhr er unter den Galgen. Zehntausende von Menschen starrten von Schaugerüsten und von den Anhöhen auf ihn, Würstelmänner, Bänkelsänger, Schaubudenbesitzer und fliegende Händler hatten bei diesem Volksfest vollauf zu tun, dem der Tag von Königgrätz folgte, Verwundetentransporte, Bismarck, der Sieger.

Kanonendonner von Königgrätz, 1866... Im Kanonendonner von Uzok, 1915, hat mir mein Freund in Wola-Michowa erklärt, warum er im Plan von Prag den Bleistiftstrich in der Richtung gegen jenen

Hügel gezogen hat, den ich eben betreten habe, eine Fährte aus Rudolfs II. okkultistisch gelaunter Zeit verfolgend.

Da stehe ich nun auf dem Platz, zu dem der letzte Weg des Golems geführt haben soll. Grab des Golems: ein kaum fünf Meter hoher Hügelzug, schüttere Grasbüschel.

Der Abend bricht an, schon sind die Fabriksirenen verschrillt, über dem Schlot der Kapselfabrik steht eine helle, erstarrte Rauchsäule wie das geblähte Tuch einer Standarte.

Um den Fußballplatz des SC Victoria läuft ein trainierender Leichtathlet, in den Schrebergärten fangen Fabrikarbeiter jetzt für sich zu arbeiten an.

Unter mir sind Abraumplätze; zerbrochene Kochtöpfe und Waschbecken aus Blech, rostige Konservenbüchsen, unheilbar verbeulte Bratpfannen, Kasserollen, Topfdeckel und Reibeisen mit hypertrophischen Löchern lagern auf unregelmäßigen Haufen. Die Farben dieser Žižkover Dolomiten mischen sich mit Gummigut.

Verrußte Liebespaare suchen sich die engsten Mulden. Rachitische Kinder, zehnjährig, zwölfjährig, schleichen sich indianisch heran, um etwas vom Liebesverkehr zu lernen.

Die Hügel sind von Spaten unterwühlt; nur dünne Sandschichten, überhängend, bilden das Dach der Höhlen. Überall könnte man einen Sarg mit dem Golem hinlegen und den Überhang einstürzen lassen.

Menschen gehen müde, gebeugt, blutleer aus den Betrieben in ihre Wohnungen hinter der Stadt, nach Hrdlorez, Maleschitz oder noch weiter.

Und über dem Grab des Golems stehend, weiß ich, warum es sein soll, daß der dem fremden Willen bedingungslos untertane und für fremden Nutzen arbeitende Roboter unwiederbringlich bestattet liege.

Wie Modratschek erfuhr, wer Mayer war

»Einmal«, so sagt Modratschek aus, »einmal, es war viele Jahre vor dem Kriege, erschien bei mir ein polnischer Genosse, der in Prag lebte. ›Genosse Modratschek, ich komme nur, um Ihnen einen Gruß vom Genossen Lenin auszurichten.‹

›Von wem?‹ fragte ich erstaunt.

›Vom Genossen Lenin. Sie wissen doch, wer das ist?‹

›Freilich weiß ich, wer das ist. Das ist der Linke von der russischen Partei. Aber ich kenne ihn nicht persönlich.‹«

Nun war das Erstaunen auf seiten des Polen. »›Sie kennen ihn nicht? Ich komme gerade aus Krakau‹ (er kann aber auch ›Warschau‹ gesagt haben, ich erinnere mich nicht mehr genau), ›und da hat Lenin zu mir gesagt: Wenn Sie wieder in Prag sind, müssen Sie zum Genossen Modratschek gehen und ihn von mir grüßen. Ausdrücklich hat er mir das eingeschärft.‹

Mir blieb nichts anderes übrig, als mich beim Überbringer des Grußes zu bedanken, aber erklären konnte ich mir das nicht, denn ich hatte Lenin nie gesehen, und daß er mich vom Hörensagen kennen sollte, war ausgeschlossen, weil ich außerhalb der tschechischen Partei niemals hervorgetreten bin.

Mindestens ein Jahr später kommt der Genosse Němec vom Internationalen Kongreß in Brüssel zurück und sagt mir: ›Du, Modratschek, Genosse Lenin hat mir aufgetragen, dich herzlich zu grüßen.‹

Jetzt war die Sache noch geheimnisvoller. Denn im selben Jahr, 1912, also zwischen dem ersten Gruß und diesem zweiten, hatte in unserem Parteihaus die Konferenz der russischen Bolschewiken stattgefunden, und ich wußte, daß Lenin dabeigewesen war. (Er hatte, glaube ich, im Hotel ›Myška‹

Von rechts: Wladimir Lenin, Nadeschda Krupskaja und Lenins Schwester Anna Jelisarowa (Gorkij bei Moskau, 1922)

am Rand der Vorstadt Žižkov gewohnt, ohne zu ahnen, daß dieses Hotel von Polizeistreifen geradezu betreut wurde, wenn auch aus Sittlichkeitsgründen.) Also, wenn mich Lenin wiederholt grüßen läßt, warum besuchte er mich nicht bei seinem Aufenthalt in Prag? Ich fand absolut keine Antwort auf diese Frage.

Dann kam die russische Revolution, und aus ihr hob sich die Gestalt Lenins heraus, des Mannes, den zu kennen ich mich beim besten Willen nicht erinnern konnte – und ich habe ein gutes Gedächtnis – und der mich grüßen ließ. Da sah ich Lenins Bild und rief meine Frau: ›Sakra, weißt du, wer dieser Lenin ist? Das ist unser Mayer!‹

Meine Frau beugte sich nun auch über die Zeitung und sagte: ›Natürlich ist es der Mayer.‹

Um darüber Sicherheit zu haben, begann ich meine alten Papiere durchzustöbern, ob sich – obwohl ich während des Krieges alles verdächtige Material verbrannt hatte – nicht die Reste meines Briefwechsels mit Mayer darin fänden.«

Während also der alte Modratschek alte Papiere nach Beweisen für die Identität des Mayer mit Lenin durchsucht, wollen wir erwähnen, daß an einem Märztag im Jahre 1900 aus den Dörfern von Minussinsk alle politischen Verbannten in die Kreishauptstadt kamen, um Abschied zu nehmen von ihrem jungen Führer. Seine drei sibirischen Jahre waren um, er kam nach Minussinsk, um die Hände der Genossen und Leidensgefährten zu drücken und weiterzueilen. Er kehrte heim – »heim«, das hieß für ihn (und alle wußten es): in die Arbeit der sozialistischen Organisation. Alle küßten ihn, denn sie hofften auf ihn, auf Wladimir Iljitsch.

Weiter ging seine Fahrt. Der Schlitten durchschnitt die Scheiben gefrorenen Windes, die entlang des Jenissei standen: Dreihundert Werst sauste der Schlitten am Ufer, ganze Tage und ganze Nächte, der Frost brannte Wunden ins Fleisch, aber Lenin hatte den Pelz abgelegt, ihm war heiß. Er fieberte, denn jeder Schritt der Pferde brachte ihn näher ans Ziel, wo er mit der Verwirklichung seiner zu Schuschenskoje ausgearbeiteten Pläne beginnen konnte, vor allem damit, ein russisches Zentralorgan zu schaffen, die »Iskra«, den Funken, der überspringen sollte auf den zaristischen Zunder.

Der Schlitten jagte bis Ufa. Dort mußte sich Lenin verabschieden von der Getreuesten der Getreuen, von der Krupskaja, ihre Verbannungszeit war noch nicht abgelaufen. In Pskow machte Lenin Aufenthalt, um – die berühmte Pskower Beratung – das Programm der »Iskra« zu erörtern. Dann wollte er ins Ausland zu den »Alten«, zu Plechanow, Axelrod und Vera Sassulitsch.

Aber die Ochrana war ihm auf der Spur, und in Sankt Petersburg verhaftete sie ihn. Er hatte das Gründungskapital des Blattes bei sich, zweitausend Rubel, und Notizen über die Verbindungen mit dem Ausland; sie waren mit chemischer Tinte geschrieben und darüber mit gewöhnlicher Tinte eine harmlose Rechnung. Gierig warf sich der Kommissar auf das dem gefährlichen Häftling abgenommene Papier. Er fand nichts, was darauf schließen ließ, es könnte, mit einem Chiffreschlüssel gelesen, einen geheimen Sinn ergeben, und legte es zu den Akten.

Eine und eine halbe Woche saß Lenin in der Zelle: Werden sie auf die Idee kommen, das Papier zu erwärmen?

Sie kamen nicht auf die Idee, der Arrestant Uljanow wurde am zehnten Tage vorgerufen; man gab ihm die abgenommene Habe zurück, darunter zweitausend Rubel und jene Rechnung, schärfte ihm ein, sich jeder revolutionären Tätigkeit zu enthalten, keinen Versuch zu machen, sich ins Ausland zu begeben, und entließ ihn.

Und Lenin begibt sich ins Ausland, wohin ihm nach Jahr und Tag seine Lebensgefährtin folgt, da auch ihre Verbannungszeit zu Ende ist.

In ihren »Erinnerungen an Lenin« erzählt die Krupskaja, wie sie nach Prag fuhr, in der Annahme, daß sich Lenin dort unter dem Namen Modratschek aufhalte. Das war die Adresse, unter der er sich ihre Briefe hatte schicken lassen. Aber der letzte Brief, den Lenin, in den Deckel eines unpolitischen Buches eingebunden, an sie gesandt hatte und der seine Münchener Adresse enthielt, war der Krupskaja nicht zugekommen. So telegrafierte sie nach Prag die Stunde ihrer Ankunft und war maßlos erstaunt, Wladimir Iljitsch nicht auf dem Bahnsteig zu sehen. Sie wartete noch eine Zeitlang, mietete dann, in großer Verlegenheit, bei einem Kutscher eine Droschke, ließ ihre Koffer aufladen und fuhr los. In der engen Gasse eines Arbeiterviertels, vor einer Mietskaserne, in deren Fenstern eine Unmenge von Bettzeug zum Lüften ausgehängt war, hielt der Wagen. Nadeshda Konstantinowna lief ins vierte Stockwerk hinauf, wo ihr eine blonde Tschechin öffnete.

»Modratschek, Herr Modratschek«, stieß die Krupskaja hervor.

Ein Arbeiter erschien in der Tür und sagte: »Modratschek, das bin ich.«

»Nein«, murmelte die Krupskaja bestürzt, »Modratschek ist mein Mann.«

Modratschek begriff, wen die Frau suchte: den Russen, dem er die Briefe nach München nachschickte. Das heutige Telegramm hatte er per Post an ihn weitergeleitet.

Die Krupskaja schreibt: »Modratschek widmete mir einen ganzen Tag. Ich erzählte ihm von der russischen Bewegung und er mir von der österreichischen. Seine Frau zeigte mir ihre gehäkelten Spitzen und fütterte mich mit tschechischen Knödeln.«

Aber es waren nicht die Knödel, die das Hauptgericht jener Prager Mahlzeit ausmachten, das wahre Hauptgericht hätte sich Genossin Krupskaja noch besser als die Knödel gemerkt, wenn sie geahnt hätte, was sie da in Prag vorgesetzt bekam: Es war ein Gulasch aus Pferdefleisch, obgleich, wie fast zu jeder Fleischspeise in Böhmen, Knödel beigegeben waren.

Wieso hier dieses Detail eines längst verdauten Mittagessens behauptet werden kann, wenn die Teilnehmerin selbst nichts davon wußte? Nun, die Gastgeber wußten es und wissen es heute noch genau. Sofort nach dem Erscheinen der »Erinnerungen an Lenin« haben wir uns an den alten Pionier der tschechischen Genossenschaftsbewegung, František Modratschek, gewandt, da nur er und kein anderer der in den Memoiren erwähnte Modratschek sein konnte. Er gab bereitwilligst Auskunft über seine Beziehung zu einem geheimnisvollen Fremden und dessen Gattin:

»Die Redaktion des Parteiblattes, des ›Právo lidu‹, die sich zu jener Zeit auf dem Palackýplatz befand, hatte im Sommer 1900 einen russischen Genossen zu mir geschickt, der mit mir etwas besprechen und auch bei mir übernachten sollte. Ich wohnte damals in der Vorstadt Vršovice an der Ecke Kollarová und Nerudová; die Wohnung führte auf den Hof hinaus und war so klein, daß ich keinen Raum hatte (und eine Matratze auch nicht), um dem Fremden eine Lagerstatt zu bereiten. So schlief er nicht in meiner Wohnung.

Von ihm erfuhr ich, daß er geheim aus Rußland nach dem Ausland reise, nachdem er in Sibirien als Verbannter gelebt. Er machte auf mich den Eindruck eines Reisenden von etwas ausländischem Typus. Er war etwa dreißig oder fünfunddreißig Jahre alt, von mittlerer Größe, weder dick noch mager, aber etwas breitschultrig, sah unauffällig aus. An seinen Bart erinnere ich mich nicht. Sein Benehmen war gemessen, obwohl er, wie ich fühlte, in Eile war. Er sprach gut deutsch.

Er wollte, daß ich ihm einen Paß auf den Namen eines Mannes verschaffe, der ihm einigermaßen ähnlich sehe. Ich versprach ihm, daß ich das versuchen werde, aber es gelang mir nicht.

Am nächsten Tage reiste er ab, nachdem er mit mir vereinbart hatte, er werde an mich Briefe und Geld aus Rußland schicken lassen und ich möge alles an eine von ihm angegebene Adresse weiterleiten. Meine Ausgaben würden gegen Ausstellung einer detaillierten Rechnung vergütet werden.

Der Fremde nannte mir seinen Namen nicht, sondern sprach den Wunsch aus, ihn in Briefen nur ›Genosse Mayer‹ zu nennen. Nach seiner Abreise begannen wirklich zahlreiche Sendungen aus Rußland einzutreffen, gewöhnlich in Abständen von vierzehn Tagen, und ich schickte sie nach München an die mir angegebene Adresse. Dann kamen aus Deutschland und aus der Schweiz Pakete mit russischen Zeitschriften und Broschüren, beinahe jede Woche. In den Verlagsräumen der sozialdemokratischen Druckereigenossenschaft, bei der ich tätig war, packte ich sie um und verstaute sie in Kisten, um diese an eine mir mitgeteilte Adresse nach Krakau zu expedieren.

Einige Monate nach der Abreise des Russen hielt zeitig morgens vor unserem Haus in der Kollarová eine Droschke, der eine schwächliche, etwa dreißigjährige, einfach gekleidete Frau von sympathischem Äußeren entstieg – die Gattin Mayers; sie ereiferte sich zunächst über den hohen Fahrpreis, den ihr der Kutscher abverlangt hatte. Etwas gesprächiger als ihr Gatte, ziemlich gut deutsch sprechend, erzählte sie, daß sie mit diesem in der Verbannung und dann im Hause eines reichen russischen Kaufmanns als Lehrerin tätig gewesen sei, nun aber mit ihrem Manne in der Fremde leben wolle.

Ich befand mich damals in recht elenden Verhältnissen, so daß meine Gattin der Fremden nichts anderes vorsetzen konnte als einen armseligen Kaffee und ein Gulasch aus Pferdefleisch. Eine Nachbarin hatte uns seit einigen Tagen zugeredet, es einmal mit Pferdefleisch zu versuchen, statt unausgesetzt fleischlose Mahlzeiten zu haben, und gerade an diesem Tag hatte meine Frau zum erstenmal diesen Rat beherzigt. Wir zitterten, daß die fremde Genossin es merken und sich mit Ekel von diesem Essen abwenden würde, aber sie war anscheinend sehr hungrig, denn es schmeckte ihr alles gut, wie übrigens auch uns.

Die Genossin, die die Fahrt von Rußland ohne Unterbrechung zurückgelegt hatte, war sehr abgespannt, weshalb ihr meine Frau unser Bett zurechtmachte, darin die Fremde einige Stunden schlief.

Am Abend – die Arbeiter kamen eben aus den Fabriken – begleitete ich sie auf den Staatsbahnhof, den heutigen Masaryk-Bahnhof, von wo sie nach München weiterfuhr.

Eines Tages beschlagnahmte die Polizei eine an mich gerichtete Sendung russischer Bücher, öffnete die Verpackung und gab das Paket erst heraus, nachdem sie ein Verhör über Herkunft und Bestimmung angestellt hatte. Davon benachrichtigte ich sofort den Genossen Mayer in München, und daraufhin kamen keine Poststücke mehr an meine Adresse.

Zu Weihnachten 1901 erhielt meine kleine Tochter von Frau Mayer aus München eine Schachtel mit Figürchen, Sternen und anderen Kleinigkeiten, mit denen Weihnachtsbäume behängt werden. Sie hat von diesem Geschenk einen goldenen, heute allerdings bereits stark geschwärzten Stern mit einem Engel in der Mitte aufbewahrt.

Im Frühjahr oder Sommer 1902 (ich glaube wenigstens, daß es im Jahre 1902 war) kam mit einer Empfehlung Mayers ein junger Russe zu mir, der illegal nach Rußland reiste; wie ich von ihm erfuhr, bestand seine Aufgabe darin, mehrere Kisten mit Büchern hinüberzuschaffen. Er schlief zwei Tage bei mir und fuhr dann nach Krakau weiter. Drei Tage später brachten die Zeitungen eine Nachricht, daß an der russisch-galizischen Grenze ein Nihilist erschossen worden sei, der auf einem Wagen revolutionäre Schriften und Blätter nach Rußland einzuschmuggeln versucht hatte. Ob es jener Russe war, der bei mir gewohnt hatte, kann ich nicht sagen, aber ich vermute, daß er es war.

Von jener Zeit an habe ich jede Verbindung mit den ›Mayers‹ verloren, und die romantische Bekanntschaft wäre mir gewiß aus der Erinnerung entschwunden, wenn nicht aus der Schweiz mir von Zeit zu Zeit russische Drucksachen zugekommen wären, ohne daß angegeben war, wer mir das schikke. Ich dachte mir aber, daß das von Mayer ausgehe.

Auf die Idee, daß auch die merkwürdigen Grüße des mir unbekannten Lenin mit dem Mayer in Zusammenhang stehen könnten, bin ich niemals gekommen. Bis ich dann die Photographie sah. Nun suchte ich, wie gesagt, meine alten Papiere durch, ob sich nicht Reste meines Briefwechsels mit Mayer darin fänden.

Und wirklich fand ich Bestellscheine des Vršovicer Postamtes über eingeschriebene Briefe, Pakete und Geldsendungen. Sie lauteten auf die Adresse: Dr. med. Karl Lehmann, München, Gabelsbergerstraße 20a, II., für Herrn Mayer, ferner auf Karl Lehmann, München, und Georg Rittmayer, München – Deckadressen, von denen aus alles an Mayer weitergeleitet wurde. Die älteste der Postanweisungen stammt vom 13. März 1901 und betrifft die Sendung eines Pakets im Gewicht von drei Kilogramm und zweihundert Gramm und eines Pakets von drei Kilogramm und siebenhundert Gramm.

All das bildete keinen Beweis dafür, daß mein Gast gerade Lenin gewesen sei. Aber da fand ich zuletzt diesen Aufgabeschein des Vršovicer Postamts, gestempelt vom 3. Mai 1901; darauf wird bestätigt, daß ich an jenem Tage einen Einschreibebrief mit der Adresse ›Frau Uljanow, Moskau‹ aufgegeben habe. Nun hatte ich es staatlich bestätigt, daß der Lenin niemand anderer als der Mayer war. Und die Memoiren der Krupskaja sagen mir nichts Neues. Daß sie damals Knödel vorgesetzt bekam, weiß ich nicht. Daß sie damals Pferdefleisch vorgesetzt bekam, weiß sie nicht.«

František Modratschek, der alte Sozialdemokrat, weiß noch etwas. Er weiß, daß die ersten Hefte der »Iskra« durch seine Hände gingen auf ihrem Weg ins Zarenland, wo sie vier Jahre später den ersten Brand entfachten und nach weiteren zwölf Jahren das große Feuer.

Was aber František Modratschek, der alte Sozialdemokrat, nicht weiß, ist das: daß er der Sache der internationalen Arbeiterschaft einen großen Dienst erwiesen hat, aus Gefälligkeit für einen Fremden, der unauffällig aussah und sich Mayer nannte.

Der Hradschin mit dem Veitsdom, von der Chotekstraße aus gesehen, rechts vorn der Rundturm Daliborka

Der Weg Smetanas

Auch Bizarrerie kann geradlinig sein. Auch romantisch-unwahrscheinliche Schicksale können so naturalistisch-folgerichtige Pointen (ergreifender Art) haben, wie sie nur ein einziger Autor zu gestalten imstande ist, der Autor: Leben. Der Berichterstatter nachstehender Tatsachen würde daher geradezu ein Plagiat begehen, wenn er, auch diesmal auf seinem Prinzip beharrend, es unterlassen würde, die Wirklichkeit als Kronzeugen für die Richtigkeit seiner Aussagen zu zitieren.

Der junge V.H. ist Cellist, dreiunddreißig Jahre alt, Mitglied der Böhmischen Philharmonie. Exzentrisch, wie er ist, fanatisch für seinen Lieblingskomponisten Smetana eingenommen, verschaffte er sich 1917 Eintritt in den Daliborka-Turm auf dem Hradschin, wo er die Geigensoli aus der Oper »Dalibor« spielte. Man muß zugeben, daß sich eine romantischere Kulisse von solcher Zugehörigkeit nicht denken läßt: wirklicher Hungerturm, ein beinahe fünf Jahrhunderte altes Gemäuer, Zeuge von Ausbrüchen einsamster Verzweiflung und Marterqual, andererseits als Schauplatz jenes Opernaktes gedacht, wo sich dem schmachtenden Ritter Dalibor schöne Gestalten zeigen: visionär der geigende Geist seines Freundes Zdenko, den zu rächen Dalibor Rebell ward, und realiter das Mädchen, dem der geliebte Bruder durch Dalibor erschlagen wurde und das dennoch, in heißer Liebe zu dem Feinde entflammt, ihm Fiedel und Freiheit bringen will.

Hier also spielte der junge Virtuos V.H., im gebälkgestützten, vergitterten Verlies des Oberstokkes, Smetanas Weisen, und während sich unten die Fremden über die Öffnung in die unterirdische Marterkammer beugen wollten, lockten Saitentöne »von heiliger Begeisterung« ihren Blick in die

Höhe. Damals fand eine Smetana-Ausstellung in Prag statt, und deren Veranstalter waren, ihre Gäste auf den Schauplatz der romantischen Heldenoper führend, über diese eigenartigen Konzerte in dem Turm noch mehr verwundert als die Fremden, die darin eine beabsichtigte Überraschung vermuten konnten. Die Zeitungen schrieben über diese Realisierung einer alten Prager Sage, der Musikkritiker der »Národní Politika« erfuhr den Namen des anonymen Konzertgebers und schrieb in seinem Blatte vom 3. Juni 1917 unter dem Titel »Houslové solo Smetanovy opery ›Dalibor‹ v Daliborce« ein begeistertes Referat über den jungen Virtuosen. Herr V. H. trägt diese Kritik in seiner Brieftasche.

Er hat seither das schmerzvolle Schicksal erlebt, als Patient in die Prager Landesirrenanstalt zu kommen. Sein Cello nahm er mit sich und seine Noten, er darf auch hier seine Kunst ausüben, jedoch seine Freizügigkeit ist ihm genommen, er kann sich keine traditionsgeheiligte Stelle für die Melodien seines Meisters aussuchen. Aber das Schicksal ist von unglaublichster, verständnisvollster Gnade: Auf demselben Korridor, der ihm jetzt Welt ist, ist das Sterbezimmer Smetanas… Und es steht fast den ganzen Tag leer; der Hauptmann, der in dem Bette rechts vom Fenster liegt, an der gleichen Stelle, wo Smetanas Totenbett stand, geht den ganzen Tag auf dem Gang oder im Garten spazieren und der zweite Insasse, ein Professor, desgleichen. So stellt sich Herr V. H. des Morgens sein Notenpult neben das Bett, setzt sich auf dieses, lehnt das Cello an sein Kille und spielt.

Hierher werden wohl die Gäste der Smetana-Ausstellung schwerlich gekommen sein. Auf Krankenhäuser, Irrenanstalten und Gefängnisse setzt man auch den größten Genies keine Gedenktafeln; man will nicht gerne daran erinnert sein, wohin eine dankbare Mitwelt ihre Großen treibt. Auch von Smetana, der sein Tschechisch in die ganze musikliebende Welt getragen hat, ist kaum vielen bekannt, daß er hier oben auf den »Kateřinky« starb. Sein Sterbezimmer ist kein Museum, es ist ein Krankenzimmer, wie es vor siebenunddreißig Jahren war. Es liegt im Hofgebäude der Landesirrenanstalt, im ersten Stock der tschechischen psychiatrischen Klinik Professor Heverochs. Das letzte Zimmerchen des Ganges – dahinter hört der Gang auf, »Gang« zu heißen, sondern man nennt ihn »Korridor«, und er dient dann bloß zum Aufenthalt für die unruhigen Kranken. Zwischen dem Smetana-Zimmer und dem »Korridor« liegt noch das Stiegenhaus. Das Zimmer hat keinen separierten Eingang, nur durch den Krankensaal Nr. 129 kann man hinein. Drei Schränke und vier Eisenbetten stehen darin, eines links und eines rechts vom Fenster, zwei gegen den Gang zu. Durch das Fenster sieht man in den Garten hinaus, der sich jetzt frühlinghaft präpariert und in dem Menschen mit unregelmäßigen Schritten und seltsam abrupten Bewegungen auf und ab gehen, sieht man zur Kirche von Sankt Kathrein, zum deutschen naturwissenschaftlichen Institut und zur Gifthütte.

Auf dem Bette rechts vom Fenster ist Friedrich Smetana, seines Geistes ledig, drei Wochen gelegen; auf dem Bette rechts vom Fenster hauchte er am zwölften Maitage 1884, vier Uhr nachmittags, seinen letzten Atemzug, das Finale eines Lebens voll Genie und harter Prüfung. Auf dem Bette rechts vom Fenster sitzt jetzt ein junger Musiker mit blondgescheiteltem Haar und sorgfältigem Anzug, das Abzeichen der Jednota českých hudebníků auf dem Rock, und spielt Lieder seines Ideals. Er spielt nicht bloß Smetana: Da ich eintrete, liegen gerade die »Spanischen Tänze« für Violoncello von David Popper auf dem Notenpult. Aber er beginnt bald aus der »Verkauften Braut« zu spielen und aus der »Libuša«. Er zeigt mir (ich bin zu einem anderen Kranken auf Besuch gekommen, und er vermutet keineswegs einen Journalisten in mir) die Musikkritik aus der Daliborka und sagt mit lächelnder Resignation in einem Wortspiel, das nicht zu übersetzen ist, früher habe er im Hungerturm gespielt, jetzt spiele er im Narrenturm. (Dřive v Daliborce – nyní na Magorce.) »Wußten Sie schon früher, daß Smetana hier gestorben ist?« frage ich ihn. – »Freilich, das habe ich im Konservatorium gelernt.«

Er spielt. Unten im Garten stehen einige Frauen, Patientinnen, und horchen in das offene Fenster, in dem der tote Smetana lebendig ist. Der junge Virtuos ist müde. Er legt das Cello in das Futteral auf das Bett. Abends wird er es sich holen. Wir gehen, bewegt von einem guten Gottesdienst. Draußen auf dem Gang singt einer die letzte der Melodien, die wir gehört haben, und gibt sie uns, während ein Irrenwärter die feste Tür aufsperrt, gleichsam auf den Weg. »Věrné milování, nepkřeruší …« – »Treue Liebe, treues Walten – kann keines Schicksals Bosheit spalten …«

Die Erlaubnis zum Fußballspiel

Mein kleiner Bruder kam gestern aus dem Gymnasium nach Hause.

»Heute ist uns erlaubt worden, in einen Fußballklub einzutreten.«

So, so. Ich habe diesen Beschluß des Landesschulrates schon gekannt. Aber doch ... Das, was da den Gymnasiasten aus dem schwarzen Buche vorgelesen worden ist, war der Epilog für eine Zeit, die erfüllt war von einem monomanen Fanatismus der Jugend, für eine Zeit, deren Bedeutung längst über den Rahmen der Sportrubrik hinausgewachsen ist. Die Regierungszeit des Fußballs ist beendet. Le roi est mort.

Man darf jetzt in einen Fußballklub eintreten. Wer uns vor fünfzehn Jahren gesagt hätte, daß einmal eine solche Erlaubnis kommen werde, dem hätten wir nicht zu glauben vermocht. Auf das Fußballspielen standen damals alle Todesstrafen, die die Schule zu fällen hat: strenges Prüfen, Karzer, Repetieren. Selbst bei den Jugendspielen mußten wir, die wir an zehrendem »Ballfieber«, an der »englischen Krankheit« litten, uns beim Barlaufspiel und beim Passatschlagen langweilen, und erst als wir dann alle von den Jugendspielen wegblieben, erlaubte man uns für jeden Spieltag ein knapp bemessenes Fußballwettspiel.

Wehe dem, dessen Zugehörigkeit zu einem Klub man in der Schule in Erfahrung brachte. Und doch: Wir spielten fast alle. Was bedeuteten die ärgsten Strafen gegenüber dem Vergnügen, zweimal je fünfunddreißig Minuten der Gelegenheit nachjagen zu dürfen, ein Goal zu schießen. Freilich, man ließ alle möglichen Vorsichtsmaßregeln walten. In der Zeitung waren oft alle zweiundzwanzig Spieler und der Schiedsrichter eines Wettkampfes nur mit

Pseudonymen angekündigt; zum Spielfelde wählte man die äußersten Ränder der Kaiserwiese, des Dejwitzer Exerzierfeldes und des Invalidenplatzes (der Teil, der hart an die Heinesche Besitzung grenzt, war immer von Schülermannschaften bevölkert), um vor den Blicken eines vielleicht patrouillierenden Professors möglichst gedeckt zu sein, und die Mannschaftssitzungen fanden in den verstecktesten Spelunken der Kleinseite, auf dem Belvedere, von Dejwitz und Karolinental statt. Nicht die Angst vor den Professoren allein, auch allerhand Unbequemlichkeiten hatten die Mittelschüler zu bestehen, die im vorigen Jahrhundert, um die Mitte seines letzten Dezenniums, dem Sporte oblagen. Zum Eintritt in die bestehenden Vereine, die einen eigenen Sportplatz hatten, reichten weder der Mut (nicht der Mut gegenüber der Schule, sondern der Mut gegenüber den maßgebenden Faktoren des Klubs) noch die Geldmittel. So mußte man denn den Wahlspruch »Mein Feld ist die Welt« beherzigen und auf den unverbauten Flächen Prags die Balltechnik üben. Da warf man sich denn schon zu Hause in Dreßhemd, Stulpen, Schienbeinschützer und Dreßhosen, zog darüber die Straßentoilette an und stapfte, trotz sengender Sonnenglut, in der doppelten Kleidung auf die Kneippwiese, auf den Invalidenplatz, nach Dejwitz aufs Exerzierfeld, auf die Holleschowitzer Heide, in den Canalschen Garten. Dort zog man die Straßenkleider aus und warf sie auf zwei Haufen aufeinander, die in einer Breite von sechs Metern voneinander entfernt waren; die Kleiderhaufen bildeten die Goalstangen. Die Anschaffung des Fußballes sowie die Reparaturen seiner irdischen Hülle und seiner leider auch nicht unsterblichen Seele wurden aus den vereinigten Taschengeldern der Elf bestritten, und wenn man sich vom Schuster fünf feste Lederstöpsel auf die Stiefelsohlen nageln ließ, so konnte man schon in dem Wahne leben, ein Paar englischer Treter sein eigen zu nennen. Man

Hatten nicht mit Verboten zu kämpfen: Mitglieder der tschechischen Turnvereinigung »Sokol« (1878)

bedurfte keiner Goalnetze, keiner Querpfosten, man bedurfte keiner Ankleidekabinen und keiner verschließbaren Utensilienkästen, manchmal auch keines Unparteiischen und keines Goalrichters, ebensowenig wie man der Erlaubnis der Professoren bedurfte. Man spielte.

Dafür kannten einen die Schüler der ganzen Anstalt, und mit scheuer, schrankenloser Bewunderung schauten die Schüler zu den Fußballkapazitäten der nächsthöheren Klasse auf. Und wenn solch einer der »erstklassigen Menschen« im Schulhofe oder auf dem Korridor eine Orangenschale in die Höhe »kickte«, dann ging ein Murmeln der Anerkennung durch die Reihen. Wenn der Sekundaner irgendeines Gymnasiums den Tertianer irgendeiner Realschule kennenlernte – was war da der Gegenstand des Gesprächs? Die Namen der Großen im Fußballreich, mit denen der Untergymnasiast derselben Anstalt anzugehören die Ehre hatte. Was Wunder, daß der Ehrgeiz nach solchem Ruhm das

Fußballfieber noch mehr entfachte, daß zu Hause und in der Schule mit allen Gegenständen »gedribbelt«, »kombiniert« und »geshootet« wurde, die nicht niet- und nagelfest waren. Die Professoren teilten allerdings weder die Liebe zum Fußballspiel noch das Verständnis für die Leistungen seiner Jünger. Sie haßten das »rohe Spiel«, und dieser Haß zeitigte oft die komischsten Blüten. Wenn in irgendeiner Klasse wirklich irgendein schwerblütiger Junge saß, der beim Fußballspiel nicht mittat, dann konnte man mit tödlicher Sicherheit darauf rechnen, daß er bei den Professoren in den Verdacht geraten werde, ein Vorkämpfer des Fußballsportes zu sein. Und ein Turnlehrer, der es besonders scharf aufs Fußballspielen abgesehen hatte, warf in der Besprechung eines Jugendspiel-Wettspieles dem besten Stürmer vor, daß er beim Laufen eine schlechte Körperhaltung einnehme. Natürlich wurden solche Kritiken ebenso belacht wie der Vorschlag eines sonst ganz intelligenten Schulpädagogen, man möge, um Füße und Hände in gleichem Maße auszubilden, mitten im Fußballwettspiel nach jedem Goal Hantelübungen einführen ... Seit dieser Kinderzeit des Fußballsportes sind fünfzehn Jahre verstrichen. Mancher der einstigen Märtyrer im Fußballdreß gehört heute dem Lehrkörper einer Mittelschule an, und so ist doch ein sportfreundlicher Erlaß herausgekommen.

Weshalb aber der Nekrolog? Fängt denn nicht erst jetzt, da die letzte Hürde genommen ist, die Renaissance des Fußballsportes an? Mitnichten. Gerade jetzt, da der fußballspielenden Jugend auch der letzte Hauch des Märtyrertums genommen ist, da nicht mehr der romantische Reiz des Verbotenen besteht, da man gewissermaßen unter der Patronanz der Schule ein Endback oder ein Forward sein darf, gerade jetzt wird die Jugend aufhören, mit ungeteilter Begeisterung bei der Sache zu sein. Die Sportliebe war nur eine Ingredienz.

Und wenn nun auch noch ein Erlaß des Landesschulrates herausgegeben werden sollte, der den Gymnasiasten und Realschülern gestattet, Studentenverbindungen zu bilden, dann verbrenne ich das grün-silbern-blaue Band unserer Pennälerblase und sage endgültig meiner Jugendzeit ade.

Ich rief das Asyl für gefallene Mädchen an. Ob ich in die Anstalt kommen dürfe, um über sie einen Artikel schreiben zu können, fragte ich die Direktorin. »Einen Artikel?« – »Ja, einen Artikel. Einen Artikel in die Zeitung.« Ich sah durch das Mikrophon, wie die Frau Direktorin entsetzt den Kopf schüttelte. »Ich werde Ihre Exzellenz die Frau Präsidentin fragen und Ihnen morgen telephonischen Bescheid sagen.« Übermorgen am Morgen wurde ich angerufen und nahm die Mitteilung zur Kenntnis, daß ich am nächsten Tage um elf Uhr erscheinen dürfe.

In der Anstalt wurde ich mit den Ehren empfangen, die mir gebühren. Der Hausmeister öffnete mir und fragte mich in gewählten Worten: »Hamm Sie Passierschein?« Kaum hatte ich verneinend geantwortet, als er in liebenswürdiger Weise das prächtige Barocktor vor meiner Nase zuschlagen wollte. Ich hatte den Einfall, dem Einfall der Tür durch den geistesgegenwärtigen Ausruf zu begegnen: »Ich bin herbestellt.« Das Barocktor öffnete sich wieder, und der Hausmeister sagte erstaunt: »Ah, Sie sind die Herr von Zeitung.« Ich nickte, worauf er hinzufügte: »Die Damen warten schon auf Ihnen.« Ich glaubte, daß es die gefallenen Mädchen seien, die mich erwarteten, aber im Gegenteil: Weder von »Mädchen« noch von »gefallen« konnte die Rede sein. Es war vielmehr der Ausschuß der Anstalt. Der Anstaltsseelsorger stellte sich mir vor und mich dann der Präsidentin, Ihrer Exzellenz der hochgeborenen Frau Gräfin Cyprienne X., sowie den übrigen Damen. Der Geistliche hieß mich Platz nehmen und hielt nun eine Ansprache an mich. Zunächst sagte er, es sei erfreulich, daß ein so junger Mensch, wie ich es sei, schon den Ernst der humanitären Bestrebungen in solchem Maße erfaßt habe (die Pleureusen nickten beifällig), daß ich über die Anstalt einen Artikel schreiben wolle, was der Ausschuß in der Sitzung vom 22. Februar des Jahres einstimmig gestattet habe. Vorher wolle er mich in kurzen Worten über die Ziele der Anstalt unterrichten.

Die Worte mögen auch wirklich kurz gewesen sein, aber die Rede war lang. Er unterrichtete mich, daß das Laster nicht etwa in abschreckender Form nahe, sondern in der liebenswürdigsten Weise – höflich und gefällig scheinend. Ich schüttelte über diese Perfidie des Lasters ganz erstaunt den Kopf und schaute die Damen an, ob es auch wahr sei, was mir da erzählt wurde. Die Pleureusen nickten Bestätigung. Redner aber begann mir zu erklären, daß alle Liebenswürdigkeit und alle Versprechungen des Lasters nur Maske seien und daß die Mädchen, die sich dem Laster und so der vollkommen berechtigten Verachtung preisgeben, statt sich als Dienstmädchen und Fabrikarbeiterinnen geachtete Stellungen zu erwerben, auch Enttäuschungen erleben, speziell im Alter. Also ich war starr! Wer hätte das gedacht! Aber da wieder die Pleureusen bestätigend mit den Köpfen schüttelten, mußte ich das alles wohl oder übel glauben.

Noch berechtigter aber als die Verachtung, die man den gefallenen Mädchen zolle, sei die Verachtung, die jene Männer verdienen, die die Verkommenheit und Roheit aufbringen, sich um des Vergnügens willen mit jungen Mädchen einzulassen, ohne die Absicht zu haben, diese zu ehelichen. Nun war ich es, der durch lebhaftes Kopfnicken die vollkommene Solidarität mit dieser Verachtung aussprach.

Aber die Anstalt sei ein Bollwerk gegen die Unsittlichkeit. Wenn auch manche innerlich verworfene Geschöpfe sich nur deshalb zur Aufnahme in die Anstalt melden, um hier eine Zeitlang ohne Nahrungssorgen zu leben, und sich dann wieder dem eingangs geschilderten Laster gierig in die Arme werfen – so seien es doch nur Arme, um derentwillen man sich nicht von der Verbesserungstätigkeit abschrecken lassen dürfe. Und wenn auch die meisten anderen nach der gebesserten Entlassung wieder in ihr früheres Leben verfallen, so kommt es doch vor, daß hie und da über ein Mädchen keine so betrübliche Kunde zu den Ohren der Anstaltsleitung gelange. Und also stehet es geschrieben: »Um eines Gerechten willen...«

In der Anstalt werden die Mädchen durch Arbeit und hauptsächlich durch Gebet zur Besserung angehalten, wovon ich mich nun bei meinem Rundgang überzeugen könne. Zuerst werden wir uns in die Stickereistube begeben, wo auch eine kleine Ausstellung von bereits fertiggestellten Stickereien heute eigens hergerichtet worden sei, damit ich mich von dem Geschick und dem Fleiß der Pfleglinge überzeugen könne.

So begaben wir uns, eine aus allen Ausschußdamen, dem Seelsorger und mir bestehende Kavalkade, in die Stickstube. Etwa dreißig Mädchen saßen hier an den Stickarbeiten und erhoben sich bei unserem Eintritt sittsam von ihren Sitzen, indem sie in gedehntem Chorus einen frommen Gruß sprachen.

»Hier sehen Sie«, wollte Exzellenz Cyprienne eben zu erklären beginnen, als – na, als mich dieses Lausmädel, die Fanda Previt, erkannte.

»Tě péro, Egone«, grüßte sie mich laut über den ganzen Saal.

Konnte die Mana Makovec der Previt an Frechheit nachstehen? Nein! Sie schrie mir zu: »Egon, hast du nicht eine Sport bei dir? Wir kriegen hier keine.«

Die Katty Svině ließ sie gar nicht ausreden: »Du, was macht mein Leutnant, er ist, hör ich, schon aus Prag weg?«

Die Betty Rukavice war die einzige, die – vornehm wie immer – auf das Milieu Rücksicht nahm und mir nur eine Bestellung auftrug: »Grüß mir das

Liebstes Ziel des Nachtschwärmers Kisch, das »Montmartre« im Kettengäßchen (Řetězová)

Café Brasilien und sag, daß ich in vierzehn Tagen wieder dort bin.«

Ich war von diesen Begrüßungen peinlich berührt, aber die Ausschußdamen hätten direkt in einer Anstalt für aus den Wolken gefallene Mädchen Aufnahme finden können. Die erste, die Worte fand, war Ihre Exzellenz die Frau Präsidentin. Sie sagte in einem Tone, in dem grönländische Kälte, gaurisankarhohe Empörung und ägäischmeertiefe Verachtung lag: »Sie brauchen sich nicht weiter zu bemühen. So ähnlich ist es in allen unseren Räumen.«

Damit war ich entlassen.

Die stadtbekannte Tänzerin mit dem Namen »Revoluce« – die Königin des Prager Nachtlebens und Tanzpartnerin von Kisch beim sogenannten »Šlapak« (»Treter«)

Tauche unter, Schwan!

Wenn uns die Mädels nicht mehr grüßen, dann ist's schon gut. Dann sind sie an der Seite eines anderen, dem sie die mißtrauische Frage ersparen wollen, woher sie uns denn kennen, he? Und sich die Antwort.

Als also vorgestern abends die Dorinka in der Bar erschien und uns gar nicht anschaute, während sie uns anschaute, so schauten wir einander verständnisinnig an und freuten uns. Freuten uns, daß wir sie wiedersahen und daß es ihr gut ging. Wir hatten sie schon lange nicht mehr gesehen, die Dorinka aus dem Altstädter Café. Das Altstädter Café war in der Karlsgasse, im ersten Stock des Durchhauses, das von der Michaelsgasse kommt, und auf den vier Fenstern war zu Reklamezwecken in großen Lettern der Namen gemalt, den der Schildermaler zu diesem Zwecke in vier Teile geteilt hatte: »Staro – městs – ká ka – várna«. Beim dritten, dem Káka-Fenster, war unser Stammtisch, und dort haben wir alle die Dorinka geliebt, wenn sie nicht gerade nach »Staro« abberufen worden war, ins Séparée. Sie war jung, nett und tanzte – oh, sie war eine Berühmtheit des Tanzes. Zum Lied vom »Eman«, dem Emanuel, dem das auch nicht mehr passieren kann, was ihm früher passiert ist, tanzte sie am liebsten.

Vor mehr als zwei Jahren verschwand sie, und wir wußten nicht, was mit ihr geworden sei. Vorgestern erfuhren wir's. Nach dem Umsturz war ihr Vater aus einem Provinznest nach Prag übersiedelt, vom Minister, dessen Wahlmacher er da draußen gewesen, mit der Organisierung der Registratur betraut. Das ist ein Umsturz gewesen im Leben der Dorinka, die sonst von der Politik eben nur so viel verstand, um von Zeit zu Zeit nach Hause zu schreiben, sie sei noch immer im Fabrikskontor in Holleschowitz beschäftigt. Dort war sie tatsächlich eine Zeitlang gewesen, nachdem sie die Handelsschule absolviert hatte, aber sie hatte schon damals eifrig geflamt – »Tages Arbeit! Abends Gäste!«, heißt das auf goethisch. Und einmal, nach »sauren Wochen«, stand sie vom Bett auf, ergab sich ganz den frohen Festen und fand ihren Beruf im Altstädter Café. Dort blieb sie, bis eben der Umsturz kam in Gestalt der elterlichen Übersiedlung nach Prag. Da mußte sie schön zu Hause bleiben und »Solidität hacken« (sekati dobrotu). Kurz darauf lernte sie einen Legionäroffizier kennen, der im selben Hause wohnte. Er war einundzwanzig Jahre alt und demgemäß bloß Oberstleutnant. (Erst zweiundzwanzigjährig durfte man damals die Generalsuniform anziehen.) Er mochte ein erfahrener Kriegsmann sein, warum denn nicht, aber von der Botanik verstand er kaum etwas, von Blütenkelchen, Zahl und Beschaffenheit der Staubgefäße usw.

Er liebte sie, und im April und nur im Auto sollte die Hochzeit sein, er war schon in der Kinofabrik gewesen, wegen der Filmaufnahme beim Verlassen des Rathauses. Kurzum, es war schon alles fertig. Von Dorinkas Vorleben hatte er keine Ahnung. Er wußte von ihr, daß sie im Holleschowitzer Fabrikskontor gewesen war, aber von »Staro« hatte er gar keine Ahnung, geschweige denn von »Káka«, von den sauren Wochen und frohen Festen. Er hielt sie für eine Lilie. Nur manchmal schaute er sie prüfend an, bei irgendeinem Worte, das ihr so entfuhr, bei irgendeinem Zuruf, der – allzu vertraulich – aus der vorüberfahrenden Elektrischen zu ihr flog, bei irgendeiner Geste oder einem Pfiff. Aber schließlich, warum sollen nicht *wirklich* auch Lilien verschiedenartige Worte und Gesten und Bekannte angenommen haben und Gassenhauer pfeifen können, und warum soll nicht die Lieblingsmelodie einer Lilie die des Liedes vom Eman sein können?

Vorgestern abends waren sie zum ersten Male zusammen in einer Tanzbar. Sie tranken je einen Sherry-Kobbler, und Dorinka wollte die Kirsche aus seinem Glas. Er balancierte den Strohhalm, neigte das Glas, verschüttete den Kobbler – am Nebentisch beobachtete man schon die vergebliche Jagd. Da nahm Dorinka das Glas, stieß mit sicherer Hand den Strohhalm der Kirsche tief ins Herz und führte sie zum Munde. Er schaute sie von der Seite an. Woher kann sie das, fragte er sich vielleicht. Das Programm wickelte sich ab. Zuerst kam eine Solotänzerin, die hatte nicht viel an und machte einige dumme Schritte – je weniger man kann, desto mehr muß man zeigen; und dann kam eine spanische Tänzerin namens Carmen Carmanita, die hatte aber die Dorinka noch gekannt, als sie nicht aus Sevilla war, sondern von der Kapslovka, und bei allen Tanzunterhaltungen »Na Růžku« durch ihre schönen Schärpen den Neid aller Tänzerinnen erregt hatte, bis man einmal unter großem Jubel auf ihrer Hinterseite die gedruckten Worte »Ruhe sanft« gelesen hatte, wodurch klar ward, daß die Seidenbänder vom Wolschaner Friedhof stammten. Dann kamen die Step-Dancers und das Foxtrott-Paar und die Spitzentänzerin und der Rollschuhkünstler und die Russen. Und dann tanzte das Publikum. Mit der Dorinka zuckte es… Es wurde ein Onestep gespielt; da hielt es die Dorinka nicht mehr aus. Sie stand von ihrem Tisch auf, als ob sie hinausgehen wollte, und kam an unserem vorüber. Sie neigte mit fragendem Blick den Zeigefinger und machte eine quirlende Bewegung, was in der ganzen Welt soviel wie »Willst du tanzen?« bedeutet. Und einer von uns sprang auf, packte sie um die Hüfte, was in der ganzen Welt soviel wie »Ja, ich will tanzen« oder so etwas Ähnliches bedeutet. Und schon tanzten sie, sehr schön tanzten sie, und einige riefen erstaunt und begrüßend: »Jejej, die Dorinka!«, und Fritzl Seifert, der Kapellmeister, änderte sofort die

Melodie und begann die vom Eman zu spielen, dem das auch nicht mehr passieren wird usw.

Das alles hatte der Bräutigam der Dorinka mit aufgerissenen Augen gesehen. Er rief nach dem Zahlkellner, und seine Stimme war wie er: heiser, blaß und um Haltung bemüht. Er beglich die Zeche und blieb sitzen. Wahrscheinlich wollte er gleich nach dem Ende des Liedes die Dorinka beim Arm packen – nein, wahrscheinlich wußte er selbst nicht, was er wollte. Er starrte dem Mädchen nach, das alle kannten und er nicht kannte. Dorinka ist mit ihrem Partner gerade in einer Ecke des Saales, und dort machen sie die Wendung, so wie sie nur erfahrene Schlapaktänzer zusammenbringen, mit jener tiefen, tiefen harmonischen Bewegung, die man »Labutě, potop se« nennt, »Tauche unter, Schwan!« So routiniert machen sie die Bewegung, so im Takt, daß alles lachend Beifall ruft, bis auf den Bräutigam, der sich einen männlichen Ruck gibt und den Saal verläßt.

Vielleicht hat er in der Garderobe seinen Zettel etwas länger gesucht als sonst, vielleicht hat er seinen Überzieher langsamer angezogen, in der (uneingestandenen) Hoffnung, daß ihm die Dorinka noch nachlaufen werde. Aber sie lief ihm nicht nach. Lächelnd und etwas erschöpft setzte sie sich an unseren Tisch und erzählte, als man sie fragte, wo sie so lange gewesen sei, die Geschichte, angefangen vom Umsturz und der Übersiedlung ihres Vaters bis zu der bevorstehenden Trauung mit Kino-Aufnahme und der eben erfolgten Entlobung via facti, dem Převrat Numero zwei. »Das ist doch schade, Dorinka; jetzt wirst du nicht mehr heiraten!« Sie jedoch brachte durch Zusammenpressen der Lippen nur einen Ton so unsäglicher Geringschätzung hervor, daß er verpönt ist. Ein Walzer sei ihr hundertmal lieber als die ganze Verlobung, und ein Schlapak tausendmal. Und sie gehe überhaupt nicht mehr nach Hause.

Aufstellung einer Prager Brauerei (1900)

Ein durstiger Schwan taucht unter. Das ist doch keine besondere Angelegenheit. Sie nahm die Sache nicht tragisch, und demgemäß wäre wohl auch kein Guy de Maupasák und kein Marcel Prevít imstande, aus dieser Begebenheit einen Novellenstoff zu formen, wie es denn auch unerfindlich ist, warum eine verbreitete Tageszeitung einen so belanglosen Vorfall am Sonntag veröffentlichen sollte.

Prager Typen (1895)

Typen der Straße

Das, was man metaphorisch als »Bild der Straße« bezeichnet, ist das Bild der Menschen, die in der Straße sind. Aber die Flüchtigen, die Zufälligen, die Passanten sind nicht das Unbedingte für dieses Bild – kein ernsthafter Maler eines historischen Winkels wird eine ebendort verübte Verunreinigung mitverewigen, keinem Landschafter wird es beim Malen eines Gletschers beifallen, auch das zigarettenrauchende Gigerl aufzunehmen, weil es gerade am Gletscherrande steht. Der, für den die Straße eine (dem Verkehr) dienende Stellung innehat, der gehört nicht zu ihrem Bild und sieht auch ihr Bild nicht. Aber um den, dem sie mehr, dem sie ein Garten, ein Promenadeweg oder eine Wirkungsstätte ist, um den spannt sie einen kostbaren, den Wert des Gemäldes erhöhenden Rahmen. Und der pensionierte Gerichtspräsident, der, im Pelz und den Elfenbeinknauf des Stockes ans Kinn gepreßt, ihr gravitätisch Fensterpromenade macht, ist ihr ein ebenso zu begünstigender Verehrer wie der schlenkernde Bettler, der Weichensteller auf seinem Stockerl ebenso wie das auffallende Dämchen, der Studentensensal ebenso wie der privilegierte Fremdenführer, der hilflose Blinde ebenso wie der unerschütterliche Polizist, der kleingewachsene Herr, der immer beim Spinka die bereitstehenden Wagen an die P. T. Trauergäste aufteilt, ebenso wie der Hausierer, der die Gasthäuser abgrast, der Drehorgelspieler ebenso wie der Teeverschleißer am Kandelaber, der Herr, der zu Fuß zum Zionisten-Kongreß nach Basel gewandert ist und nun das Kongreßabzeichen am ostentativ geschwellten Busen trägt, ebenso wie die Harfenistin im Hausflur, der Pseudo-Amerikaner aus der Ferdinandsstraße ebenso wie die dunkelrotbäckige Händlerin am Obstmarkt, der übermenschlich große Mundwassererfinder ebenso wie der winzige Statistenakquisiteur und E. T. A. Hoffmanns Meisterfeuilletonist in »Vetters Eckfenster« ebenso wie der Dienstmann, der kurzfristige »Ehen« vermittelt.

Die Straße kennt keinen Standesunterschied. Alle Mitglieder ihres Ensembles werden in gleicher Letterngröße auf dem gleichen Plakat angekündigt, alle müssen vor der gleichen Kulisse spielen, und es liegt nur an dem Künstler selbst, sich die größere oder geringere Beachtung auf der gleichen Szene zu erringen. Die Popularität, die man auf der Straße auflesen kann, ist ja nicht minder erstrebenswert als die eines hohlen Possenreißers, eines phrasenhaften Versammlungsredners oder eines Verfassers von Schundromanen. Und wenn man im Wege eines Plebiszits feststellen wollte, wer der bekannteste Mann Prags sei, so würde sicherlich auf keinen Politiker, auf keinen Gelehrten, auf keinen Künstler die Stimmenmehrheit entfallen, sondern wohl auf irgendeinen tragikomischen Excentric der Straße.

Den Haschile zum Beispiel kennt jeder, Haschile hat sich eben die Aufmerksamkeit der Straße erworben. Eine übertrieben lange Nase, eine Garderobe, die ihm entweder bloß zu den Ellenbogen und Knien oder aber über Fingernägel und Stiefelspitzen hinausreicht, ein gehetzter, fluchtartiger, unregelmäßiger Gang in der Mitte der Straße, so daß die Passanten beider Trottoirs den Anblick ihres Bekannten gleichermaßen genießen können, und sein Beruf, der des Schnorrers, haben ihm dazu verholfen. Sein Bild ist in Vierfarbendruck auf Ansichtskarten verewigt, und diese Karte ist eine der meistgekauften. Man will einem Freunde in der Fremde die Erinnerung an die Heimat wachrufen. Soll man ihm eine Ansicht des Nordwestbahnhofes oder des Wyschehrader Tores schicken, das er vielleicht kaum kennt? Man schickt ihm den Haschile in effigie. Dabei kennt vielleicht keiner von Haschiles Bekannten und Mäzenaten seine Biographie. Er heißt Jakob Weiß, ist, wie wir mit lokalpatriotischem Stolze feststellen können, in Prag (am 27. November 1863) geboren, aber zur größten Freude der Beamten der Koliner Schubstation nach Kolin zuständig. Ständiger Lebensberuf: beschäftigungsloser Handlungsdiener. Zwanzig Jahre alt, im wunderschönen Monat Mai 1883, wurde er zum erstenmal verhaftet, unbefugten Hausierens mit Zündhölzchen wegen, seither etwa dreißigmal bestraft wegen Bettelei, unbefugten Fremdenführens, Gassenexzeß, Trunkenheit, Verunreinigung eines Hausflurs, Beschimpfung, Bedrohung et cetera und einmal unter dem Verdacht der Brandstiftung unschuldig verhaftet. Er hatte viel Zeit seines Lebens mit psychiatrischen, humanitären, polizeilichen, gerichtlichen und autonomen Behörden zu schaffen. Einmal wurde irrtümlich in seinem Nationale das Rubrum »Lebensberuf« mit dem Worte »Taglöhner« ausgefüllt. Darauf lief bei dem Amte prompt eine tadellos stilisierte Beschwerde ein: »Ich ersuche, dies auf der Stelle zu ändern, da ich weder jemals Taglöhner war noch es gegenwärtig bin.« Unterschrift: »Jakob Weiß, genannt Haschile.« In seiner Jugend hat er Bettelfahrten bis nach Deutschland unternommen, und er erzählt stolz, daß Rothschild in Frankfurt zu seiner Klientel gehört habe. Damals besuchte er auch in Prag nur ständige Kundschaften, von denen er stets zehn Kreuzer erhielt. Gab man ihm nur ein Fünferl, so protestierte er: »Bin ich ein Bettler?« Und wenn er nun erstaunt gegengefragt wurde, was er denn sei, so war seine stolze Antwort: »Ich bin kein Bettler, ich bin ein Schnorrer.«

Was Haschile bei Tag ist, ist »Chaloupko tancuj!« bei Nacht. Punkt Mitternacht kommt er (wenigstens in Friedenszeiten war das so) aus dem Tor des »Schönflock«-Ausschankes auf den Wenzelsplatz hinaus und schlottert mit eingeknickten Knien und gesenktem Kopf durch die Ferdinandsstraße und über den Franzenskai in seine Wohnung in der Wendischen Gasse. Wenn man ihn anruft, so kommt er herbei, und nun braucht man nur seinen Namen mit dem angehängten Imperativ auszusprechen, so fängt er schon an, das Gebrumme eines Bären und dessen ungelenkes, täppisches Tanzen nachzuahmen, so lange, bis er seine Gage – ein Fünferl – in Empfang nimmt. Wer aber solches Benehmen psychoanalytisch zu deuten versuchen und den Einfluß irgendwelcher, durch einen Tanzbären verursachten Kindheitseindrücke und Erinnerungskomplexe diagnostizieren wollte, würde literarische Unbildung verraten. Denn es gehörte zu den allerersten Aufgaben des deutschen Naturalismus, einen Doppelgänger Chaloupkas auf die Bühne zu stellen. Im ersten Drama der neuen Ära, in Gerhart Hauptmanns »Vor Sonnenaufgang«, finden wir den Hoppslabär und erkennen daran, daß wir in Chaloupka weder eine lokale Eigenart noch ein atavistisches Menschheitsexemplar oder ein Produkt psychosexueller Komplexe besitzen. Der Prager Hoppslabär und der ostpreußische Chaloupka gehören vielmehr zu jener Sippe bettelarmer Zechbrüder, die im Wirtshaus den zu Tieren betrunkenen Gästen wieder die Menschenwürde verleihen, indem sie sich tierischer benehmen als diese. »Chaloupka tanze!« mochte einst einer, der freihielt, dem armen Chaloupka zugerufen haben. Und Chaloupka brummte und tanzte, zum Gaudium des Freigebigen, der sich mächtig vorkam, weil er zu befehlen hatte und weil er sich nicht wie ein Bär benahm, sondern wie ein Schwein. Chaloupka aber bekam sein alkoholhältiges Honorar und ist ein Hoppslabär geblieben. Bei Tag aber tut er seine Pflicht und ist, obwohl er nicht lesen noch schreiben kann, ein in den Setzereien bekannter Meister im Ablegen und Einordnen der Typen unbrauchbar gewordenen Setzmaterials: Er arbeitet fehlerlos und mechanisch, wie eine Maschine.

Der »alte Friedland« ist noch in Erinnerung, obwohl er schon gestorben ist. Man sieht also, daß auch die Popularität der Straße nicht im Lethe stirbt. (Zur Zeit unserer Eltern war der närrische Bettler »Karliček Bum« die bekannteste Straßentype; obwohl er schon lange tot ist, lebt sein Angedenken noch fort, und die Dienstboten erzählen sich die sentimentale Sage, daß er infolge verschmähter Liebe den Verstand verloren hatte.) Dabei hat der alte Friedland gar nicht viel dazu getan, um sich Unsterblichkeit zu erringen, die ja nichts einträgt. Seinen Namen hatte er nicht etwa deshalb erhalten, weil zur Zeit seiner Wirksamkeit noch Fried' im Lande war, und auch eine Ähnlichkeit mit seinem herzoglichen Namensvetter aus dem Dreißigjährigen Kriege hätte sich schwerlich feststellen lassen. Wenigstens hat uns Hallwich nie etwas davon berichtet, daß Wallenstein mit seinem Tablett voll »unzerreißbarer Portemonnaies« und anderer »unzerreißbarer« Dinge – welch dehnbarer Begriff! – in der Nacht von einem Prager Gasthause zum anderen hausierte und sich mit altersschwach zitternden Händen, einem diskret sein wollenden Augenzwinkern und im Flüsterton nach der Kauflust und den Liebesabsichten der Gäste erkundigte: »Wie ist die Stimmung?«

Francis Drake hat die Kartoffel nach Europa gebracht, das Grammophon hat Frankl bei den Prager Familien eingeführt. Wenn sie beim Abendbrot saßen, tauchte er mit seinem Wunderkasten auf, und es entspann sich eine Szene von solch unendlicher Komik, daß sie den Teilnehmern ewig unvergeßlich bleiben wird. Schon Frankls ernstgemeinte Maske war zwerchfellerschütternd. Er faßte seinen Besuch nicht als Bettelgang, sondern als das Auftreten eines Künstlers auf und hatte sich fein herausgeputzt, einen schwarzen, an allen Teilen silberglänzenden Bratenrock angelegt, eine weiße Krawatte unter den fossilen Vatermörder und über die zerknitterte

Hemdbrust gespendelt und trug einen Chapeau claque, riesige weiße Handschuhe, Hosen, die unten unabsichtlich wie Mokassins zerfranst waren, und zerfetzte Stiefel. Mit unnachahmlicher Grandezza stellte er den Zauberkasten auf den Tisch, zog ihn langatmig auf, und Arimondis Stimme tönte von den Membranen. Ob aber Herrn Frankl diese Leistung zu gering schien, ob er Sängerehrgeiz besaß und sich nun mit Arimondi im Sängerkrieg zu messen wünschte – wer wagt es zu ergründen, warum er plötzlich die behandschuhte Hand an seinen Busen legte und mit krächzender, krähender und kreischender Stimme den Maestro zu begleiten begann? Mochte man ihn noch so sehr um Gnade anschreien, mochte man ihm Honorar und Abfindungssumme auf seinen Apparat legen, er sang, sang, bis man den Kasten unter seinen Arm schob und ihn selbst aus der Türe.

Nicht durch Betteln, nicht durch Tanzen, nicht durch Hausieren und nicht durch Singen, sondern bloß durch sein absonderliches Aussehen hat sich der »blinde Kilian« die Popularität der Prager Straße erworben. Er trägt einen weißen Drillichanzug und niemals einen Hut oder eine Mütze auf seinem runden, teils kahlen, teils kahlrasierten Kopf, Bartstoppeln starren aus seinem Gesichte, so daß er vollkommen wie ein Sträfling aussieht. Aber er ist ein ehrlicher, fleißiger Mann, gesuchter Klavierstimmer. In einer Blechbüchse, die ihm vom Halse über den Bauch baumelt, hat er sein Essen für den ganzen Tag, und mit einem etwa drei Meter langen, breiten Bambusstock tappt er vor sich auf das Straßenpflaster, selbständig wie ein Sehender durch das Gewühl auf Bürgersteig und Fahrbahn schreitend. Sein Gegenspieler ist der vollbärtige alte Blinde, der an den Straßenkreuzungen so lange stehenbleibt, bis ihn ein hilfsbereiter Passant unter den Arm nimmt und auf dem anderen Ufer absetzt. Beim Obstmarkteingang des großen Basars stand

Ein Prager Maronibrater

jahrzehntelang ein stiller Blinder, und es galt den zur Staatsprüfung gehenden Juristen als segenbringend, dem armen Manne einen Obolus zu reichen.

Nicht blind und doch nicht sehend geht der »schlafende Honziček« noch immer seinen Gang durch die Finsternis der Prager Altstadt. Mit geschlossenen Augen, intensiv schnarchend, marschiert er unbeirrt seinen Weg und ist nicht zu erwecken. Auf seinem Arm trägt er einen Korb, in dem er einst Bretzel hatte. Wollte man welche kaufen, mußte man neben ihm gehen, die Bretzeln wegnehmen und das Geld hiefür in den Korb werfen. Wer kein Kleingeld hatte, mußte entweder Großgeld einwerfen – oder er warf wohl gar nichts ein. Das mochte den schlafwandelnden Phlegmatiker dazu bewogen haben, seine allnächtliche Wanderschaft mit leerem Korb zu unternehmen. Und tatsächlich wirft ihm hie und da ein Bummler ohne Gegenleistung einen Kreuzer in den Armkorb, und Honziček kommt bereichert und ausgeschlafen nach Hause. Den Seinen schenkt's der Herr im Schlafe.

»Wilhelm von Prag« recte Muneles, der Pennbruder mit den Büchern unter dem Arm, hatte sein Vermögen von dreitausend Kronen in einer Schnapsbutik zwischen seinen beiden Lieblingsflaschen deponiert; dort fand man die Einlagsbücher erst geraume Zeit nach Eröffnung seines Testamentes und konnte nun die Legate an jenen Wachmann und jene Wärterin des Barmherzigen-Spitales auszahlen, die von »Wilhelm von Prag« zu Universalerben eingesetzt worden waren, weil er ihnen zu Lebzeiten am meisten Mühe gemacht hatte. Harmlose Gaukler waren Fiala, der Wetterprophet im Radmantel (dessen Biographie mir leider schon Jakub Arbes wegpubliziert hat, nachdem Ján Neruda dem Vorgänger Fialas, dem Wettermacher Sejček, ein literarisches Denkmal gesetzt hat), und »Ferda Mestek de Podskal«, Impresario aller Abnormitäten, Landfahrer und Schaubudenbesitzer, der mir seinen ganzen handschriftlichen Nachlaß mitsamt Programmen, Prospekten und Korrespondenzen vermacht hat. Auch sie sind bereits tot. Die triefäugige Rosa und die ewig keifende Frau Blowitz sind aus den Straßen verschwunden, da sie Asyle gefunden haben. Pepile Brenner aber übt noch seinen Beruf als Kistenpacker aus, und für ein Honorar an Zigaretten pfeift er mit Meisterschaft jede Opernouvertüre und jede Arie, die man von ihm verlangt. Er ist jung geblieben, wie er es zur Zeit unserer Vorfahren war. Und das ist das Seltsame an den Straßentypen: Sie altern niemals. Weil sich eben ein Typus nicht verändern kann.

Prags Erwachen

»Schon wieder ist's Tag geworden.« Man registriert dieses Faktum, wenn man die Türe schließt und auf die Straße tritt. Da drinnen spielen die Zigeuner den Rakoszy-Marsch zum Abschied, aber die aufpeitschenden Zimbaltöne dringen nur gedämpft heraus und haben in der Morgenluft ihre faszinierende Wirkung eingebüßt. Man knöpft sich fröstelnd den Rock zu, entzündet die letzte »Prinzesas« und ist der Sonne gram, die schon wieder einmal über dem Wysotschaner Firmament aufgestiegen ist, bevor man noch zu Hause im Bette liegt. Man flucht über das teuflische Raffinement der Nachtlokalbesitzer, die in den sonst so verschwenderisch ausgestatteten Räumen keine Uhr anbringen. Man flucht auf Wein, Gesang und Weib. Man verflucht sich selbst.

Beim »Spinka« bleibt man stehen. Die ersten Elektrischen fahren auf, immer in einer Richtung von der Remise kommend, so schnell, daß man denken könnte, man wäre in Berlin oder sonst in einer Großstadt. Aber bekanntlich wird das Tempo immer langsamer, und erst um elf abends, auf dem Wege zur Remise, erlangen die Waggons wieder Schnelligkeit. Vom oberen Wenzelsplatz kündigen große Staubwolken das Herannahen der Hygieia an, den stattlichen Zug Prager Straßenkehrer mit dem Zeichen ihrer Macht, dem Kehrbesen. Sonst ist der Platz menschenleer, auf den sich die Prager sonst soviel einbilden, weil er die einzige Stelle ist, auf der sich hie und da das Großstadtgetriebe ent- und abwickelt, und weil er einen Inselperron hat wie der Potsdamer Platz. Auch das Kandelaber-Grandcafé fehlt schon beim »Spinka«. Die Cafetiere ist Punkt vier Uhr mit ihrem geräderten Teehaus zur städtischen Sparkassa übersiedelt, wo sie den Marktweibern, den Fuhrleuten, deren Helfershelfern und den

Der Altstädter Ring mit Teinkirche, die Buden gehören zum vorweihnachtlichen »Nikolomarkt« (um 1890)

mächtigen Marktpolizisten einen heißen Morgentrunk kredenzt. Auch der Standplatz der Droschken ist verwaist. Nur der Polizist steht Tag und Nacht da; mißmutig wartet er mit heißem Sehnen auf den Missetäter oder mit noch viel heißerem auf die Ablösung. Höflich salutierend, legt er die Hand an seinen Chanteclerhut, aber mit dieser Höflichkeit kontrastiert ein unterdrücktes Lächeln, das zu sagen scheint: »Du unverbesserlicher Flamender! Unsereiner wäre glücklich, schlafen zu können, und muß Nächte aufbleiben, der da könnte schlafen und will nicht.« Ich muß ihm doch wenigstens zeigen, daß ich nüchtern bin.

»Na, was war los während der Nacht?«

»Nichts Besonderes, gar nichts. Am Leonhardiplatz haben's einen beinahe erstochen. Wie er heißt, weiß ich nicht, 712 war dort. Dann war eine Rauferei beim ›Silbernen Dreier‹, und dann haben wir eine ›Dame‹ wegen schlechter Buchführung verhaftet.«

»Guten Morgen.«

Weiter geht der einsame Weg. Aus den Nachtlokalen tönt noch Musik, ersterbend. Mehrere Male muß haltgemacht werden, denn alle Leute, die man trifft, sind Bekannte. Da begrüßt einen der alte Fiala in seinem alten, abgetragenen Havelock, der nächtliche Wetterprophet. Um zwei Kreuzer prophezeit er den Gästen das schönste Wetter, um drei Kreuzer gibt er es sogar schriftlich; sein Stolz ist, daß er den Zusammenstoß des Halleyschen Kometen mit der Erde und ihren Untergang mit derselben Bestimmtheit vorausgesagt hatte wie die Sternwarte der Harvard-Universität. Die alte Frau da mit der alten Seidenmantille, die wohl auch einstens bessere Tage gesehen, spielt den Gästen in einer Weinstube auf der oberen Neustadt bis früh zum Tanz auf; sie hat eine Familie zu ernähren und weiß nicht, ob der Erlös der Nacht ausreichen wird, aber sie darf sich ihre Besorgnis nicht anmerken lassen und muß das belebende Lied von den »Honey boys« immer wieder mit Lust und Verve spielen, muß immer wieder ihre Zündhölzchenkunststücke zum besten geben und muß immer wieder den Pommery trinken, den ihr splendide Gäste widmen. Dort kommt mir mit militärischer Pünktlichkeit im Laufschritt ein Einjährig-Freiwilliger entgegen. Vor drei Stunden, da habe ich ihn noch tanzend in einem vornehmen Etablissement gesehen. Aber welch eine Metamorphose hat er durchgemacht! Mitten in all dem Glanz und Flitter, da hatte er blitzende Lackschuhe, elegante hellblaue Kammgarnhosen mit Strupfen, einen tiefdunklen Waffenrock mit hohem Kragen und strahlenden Silbersternen und eine Mütze – die Vorschriftswidrigkeit selber. Jetzt aber ist der Glanz der Sterne verblichen, der der Schuhe verblaßt, der Kragen zusammengeschrumpft, die Mütze die Vorschrift selber, die Uniform hat ihre Buntheit eingebüßt und ist grau und fad wie der Morgennebel und wie der Staub, der in dichten Schwaden aus dem Besen der Straßenkehrer emporwächst. Und der Blick des Marsjüngers, der um zwei Uhr nachts so stolz und sieghaft war, ist jetzt müde und neidisch, wie eben der Blick eines Soldaten sein kann, der nach durchjubelter Nacht zum Exerzieren auf den Sandberg eilt und einen Zechkumpan trifft, der jetzt ruhig schlafen geht. Dort kommt ein anderer Bekannter. Ein alter Detektivinspektor, schon lange im Ruhestande. Aber er kann nicht schlafen. An vierzig Jahre hat er gefahndet und inspiziert – nun kann er das Nachtwachen nicht mehr lassen und geht die ganze Nacht spazieren. Ein Gummiradler kommt vorüber. Die Direktrice der »Roten Mühle« fährt nach Hause. Gleich hinter dem Gummirutscher rollt ein schweres Gefährt durch die Gasse: Die Kanalräumer haben ihr nächtliches Tagewerk beendet.

Es ist die Stunde des Schichtwechsels. Ein Teil der Stadt geht schlafen, ein Teil der Stadt erwacht. Noch ist nicht Frühstückszeit, und schon leiht die Sorge um den Mittagstisch den Gassen das Gepräge. Eine lange Kette von Landwagen – die Retterinnen des Kapitols sind ihre Passagiere –, Hundegespanne mit Gurkenladung, riesige Streifwagen mit Kohlköpfen und Salat, die weißen Wagen der Dampfmolkereien, Bauersleute mit gemüsebeladenen Schubkarren, alte Weiber mit Schwämmen, Erdbeeren und anderen Waldfrüchten eilen der Altstadt zu. Sie bringen dem »Bauche von Prag« ihre Opfergaben. Die Weiber, die seit dem Abend unter den Lauben des Kohlmarktes auf dem Straßenpflaster zusammengekauert oder lang ausgestreckt geschlafen haben, stellen sich längs des Trottoirs hinter ihren Körben auf, in denen Obst und Pilze sind. Sie suchen die Ware in der Zeit von vier Uhr bis sieben Uhr früh loszuwerden, da sie innerhalb dieses Zeitraumes noch keine Marktgebühr zu entrichten haben. Deshalb ist in diesen drei Stunden die Ware billiger, und die armen Leute, die Gemüsegroßhändler und die Zwischenhändler decken schon jetzt ihren Bedarf.

Auf dem Altstädter Ring ist um diese Zeit Markt. Rings um die Marienstatue scheint die Wagenburg

Der Prager Obstmarkt (1906)

eines Hussitenlagers errichtet zu sein. An die hundert Gemüsewagen stehen hier mit vorgespannten Pferden und lassen drei Straßen frei, in denen sich das Kaufgetriebe abspielt. Es sind fast durchwegs Gemüsehändler, die einkaufen. Nur an der letzten Wagenreihe, die der Teinkirche am nächsten ist, drängen sich auch Frauen. Hier werden Kartoffeln feilgeboten, und die Frauen des Volkes müssen einkaufen, bevor in den Preis die Marktgebühr einbezogen wird. Punkt sieben Uhr rollen die letzten Wagen davon, der Platz wird gefegt, und die Prager, die erst jetzt erwachen und über den Ring gehen, haben jahraus, jahrein keine Ahnung, daß hier vor kurzem Jahrmarktstreiben herrschte.

Um diese Zeit neigt sich auch das wogende Leben, das von drei Uhr morgens ab in den Kaffeehäusern und Suppenstuben der Galligasse und der Rittergasse herrschte, seinem Ende zu. Hier sitzen die Damen der Halle im Lokale, in dessen Mitte, ganz wie im Orient, der Herd steht, und besprechen bei einer Tasse Kaffee, die zwanzig Heller kostet, und bei einer Buchte um sechs Heller die österreichische

Agrarpolitik und ihre Einwirkung auf die Fleischteuerung. Vergleichsziffern aus alten, besseren Zeiten illustrieren diese politischen und wirtschaftlichen Enunziationen. Manchmal ißt man vielleicht auch eine »drštková polévka« dazu, was laut Ranks Wörterbuch deutsch »Kuttelflecksuppe« heißt. Na ja, Ranks Wörterbuch ist eben kein Kochbuch, und so kann darin nicht verzeichnet sein, welche Fülle geheimnisvoller Ingredienzien eine kommune Kuttelflecksuppe zu einer Prager »drštková« stempelt. Die Schnapsbutiken sind voll von Leuten, die sich aus den zahllosen Fäßchen Arzneien gegen Mattigkeit und Nervosität kredenzen lassen. Die Gassen beleben sich immer mehr. Bäckerjungen, Fleischergehilfen, die auf dem Rade aus der Holleschowitzer Zentralschlachtbank in den Laden fahren, Nachtwächter, Plakatankleber und Zeitungsausträgerinnen sind die Passanten.

Schon wird der Posten eingezogen, der während der Nacht im »Alten Gericht« die Kasse des Steueramtes bewacht hatte. Wenige Minuten später ziehe ich die Glocke meines Hauses. Während der Hausmeister herbeikommt, um sein letztes Sperrsechserl einzuheimsen und dann das Haustor schon offenzulassen, zieht der in Phantasieuniform gekleidete Bedienstete der »Wach-und-Schließ-Gesellschaft« seine Uhr und richtet sie. Er weiß: Wenn ich nach Hause gehe, ist's Punkt sechs Uhr. Und da gibt es noch Menschen, die behaupten, ich führe keinen regelmäßigen Lebenswandel.

Anmerkungen

Seite

7 *Fiaker*, österreichisch: Pferdedroschke

10 *Havelock*, längerer Herrenmantel ohne Ärmel, aber mit Armlöchern und einer Art Schulterumhang

11 *Flamender*, Nachtschwärmer; *auf dem Flam sein*, ausgehen, bummeln, sich herumtreiben

15 *Willst mi eppa pflanzen?*, österreichisch: »Willst du mich etwa zum Narren halten?«

19 *letztes Kranl*, österreichisch: letzte Krone, letztes Geld. Anspielung auf das Volkslied »Da habt's mei letztes Kranl«

20 *Pepik*, Koseform von Josef, umgangssprachlich: Tscheche

20 *Jungtürken*, liberale Reformbewegung im Osmanischen Reich, die 1908 eine Militärrevolte gegen den Sultan anführten

22 *Couleurbruder*, Mitglied einer studentischen Verbindung

28 *pokulieren*, zechen, saufen

29 *Assanierung der Josefstadt*, zwischen 1893 und 1914 erfolgte Umgestaltung der Prager Altstadt, insbesondere des jüdischen Viertels Josefstadt (Josefov). Im Zuge dieser radikalen Modernisierungsmaßnahme verschwanden ganze Straßenzüge und circa 250 Gebäude

29 *Beisel*, süddeutsch: Kneipe, einfaches Gasthaus

31 *Automedonten*, abgeleitet von Automedon, nach griechischer Mythologie der Wagenlenker des Achilleus, hier: Anspielung auf die Chauffeurdienste der Gemeindetruhenwärter. Ebenso *Aurigae*, lateinisch: Wagenlenker

33 *Toboggan*: länglicher, flacher Schlitten kanadischer Indianer; auf Volksfesten auch Bezeichnung für eine Holzrutsche

40 *Spundus*, österreichisch: Angst, Furcht

41 *Revertent*, Bezeichnung im k.k. Rechtssystem für »verbotene Rückkehrer« in Städte und *Polizeirayons* (Zuständigkeitsbezirke), aus denen sie zuvor abgeschoben worden waren

46 *Platte*, österreichisch: Bande, Gang, Schlägertrupp

48 *křen*, österreichisch für Meerrettich, hier: Dummkopf, Betrogener

52 Gemeint ist *Innocens* (1866), eine Novelle des österreichischen Schriftstellers Ferdinand von Saar

53 *hezká holka*, tschechisch: schönes Mädchen

55 *Schrammeln*, Quartett bestehend aus zwei Geigen, Gitarre und Akkordeon; spielt vornehmlich Wiener Volksmusik

59 *Schipkapaß*, Gebirgspaß im bulgarischen Balkangebirge; während des russisch-osmanischen Krieges fanden dort 1877 und 1878 wichtige Schlachten statt

62 In der *Schlacht bei Königgrätz* (heute: Hradec Králové, Tschechien) trafen im »Deutschen Krieg« 1866 die von Österreich und Sachsen angeführten Truppen des Deutschen Bundes auf die preußische Armee. Deren Sieg begründete Preußens Führungsmacht in Deutschland

63 *Kartätsche*, mit Bleikugeln gefülltes Artilleriegeschoß; *Petarde*, zur Sprengung von Festungstoren und ähnlichem eingesetztes, mit Schwarzpulver gefülltes Gefäß

67 *Versöhnungsministerium Taaffe*, Regierung (bis 1914 in Österreich als »Ministerium« bezeichnet) unter dem konservativen Ministerpräsidenten Eduard Graf Taaffe, der seine Amtszeit (1879–1893) ausdrücklich einer Politik der Versöhnung zwischen Konservativen und Liberalen sowie den verschiedenen Nationalitäten im habsburgischen Vielvölkerstaat widmen wollte. Tatsächlich verfolgte er einen streng antiliberalen Kurs, setzte allerdings 1880 das Tschechische als Amtssprache durch, was Tschechen den Eintritt in die staatliche Verwaltung erleichterte

68 *Národní listy*, tschechisch: Volksblätter, bedeutendste politische Tageszeitung im Königreich Böhmen; unterstützte die tschechische Nationalbewegung

69 *primo loco*, lateinisch: an erster Stelle, zuerst

70 *Consilium abeundi*, Strafe der akademischen Gerichtsbarkeit; Verweis von der Universität, in Verbindung mit der Aufforderung, die Stadt zu verlassen. Anders als bei *relegierten* Studenten war bei dieser Strafe eine spätere erneute Immatrikulation möglich

72 *Oberst Alfred Redl*, die vermeintliche Aufdeckung des Spionageskandals um den Prager Generalstabschef und Leiter des militärischen Geheimdienstes begründete Kischs Ruhm als investigativer Journalist. »Jahrhundertspion« Redl verriet mehrere Jahre lang militärische Geheimnisse vor allem an Russland, aber auch an Italien und Frankreich, wohl um seinen aufwendigen Lebensstil zu finanzieren und seine Liebhaber zu beschenken. Nach seiner Enttarnung zwangen ihn Vorgesetzte am 25. Mai 1913 zum Selbstmord, um so die Affäre zu vertuschen, was kläglich mißlang. Schnell entdeckten Zeitungen, darunter auch Kischs *Bohemia*, die wahren Hintergründe des Suizids. Kischs erstmals 1924 in Buchform vorgetragene Behauptung, ihm allein sei die Aufdeckung des Skandals zuzuschreiben, darf – ebenso wie viele Details seiner Version – als unwahr gelten. Die vorliegende Reportage vom 4. Juni 1913 ist überdies der einzige von Kisch gezeichnete Artikel zu diesem Thema in der *Bohemia*

77 *Wola Michowa*, Dorf im südöstlichen Polen, nahe der slowakischen und ukrainischen Grenze

77 *Kille*, jiddisch: jüdische Gemeinde

95 *Georgi Walentinowitsch Plechanow*, *Pawel Borissowitsch Axelrod* und *Vera Iwanowna Sassulitsch* gründeten 1883 im Schweizer Exil die erste marxistische Gruppe der russischen Arbeiterbewegung – die *Befreiung der Arbeit* – und bildeten zusammen mit den »neuen« Marxisten um Lenin von 1900 bis 1903 die Redaktion der *Iskra*

95 *Ochrana*, Geheimpolizei im zaristischen Russland

104 *Houslové solo Smetanovy opery »Dalibor« v Daliborce*, tschechisch: Violinsolo aus Smetanas Oper »Dalibor« im Daliborka-Turm

105 *Jednota českých hudebníků*, tschechisch: Verein tschechischer Tonkünstler

105 *Die verkaufte Braut* (tschechisch: Prodaná nevěsta) und *Libuša*, Opern von Bedřich bzw. Friedrich Smetana (1824–1884)

113 *Pleureuse*, professionelles »Klageweib«, das gegen Honorar an Klageriten teilnimmt

114 *Kavalkade*, Reitergruppe bei festlichen Anlässen

117 *Staroměstská kavárna*, tschechisch: Altstädter Café

119 *Kapslovka*, tschechisch: Kapsel- bzw. Sprengstofffabrik, im südlichen Prager Stadtteil Žižkov

119 *Na Růžku*, tschechisch: Am Eckchen

120 *via facti*, lateinisch: durch den Gang der Ereignisse

120 *Převrat*, tschechisch: Umsturz

121 *Maupasák* und *Prevít*, Wortspiele mit den französischen Schriftstellern Guy de Maupassant und Marcel Prévost – *pasák* (tschechisch: »Mädchenhirt«, Zuhälter), *prevít* (tschechisch: Taugenichts)

123 *Gigerl*, süddeutsch: Geck, eitler Mann

123 *P. T.*, Abkürzung für *pleno titulo* (lateinisch: mit vollem Titel) bei Ansprache von Personen mit unterschiedlichen oder unbekannten Titeln

128 *Chapeau claque*, französisch: zusammenklappbarer Zylinder

134 *Hussiten*, Sammelbezeichnung für verschiedene reformatorische bis revolutionäre Bewegungen im Böhmen des 15. Jahrhunderts, benannt nach dem Reformator Jan Hus

Editorische Notiz

Die vorliegenden Prager Reportagen von Egon Erwin Kisch sind in den Jahren zwischen 1906 und 1931 entstanden. Auf eine genaue Datierung der einzelnen Texte wurde verzichtet, da sie der Autor für Buchveröffentlichungen teils mehrfach umgearbeitet, gekürzt oder erweitert hat.

Sämtliche Texte dieser Ausgabe stammen aus *Gesammelte Werke in Einzelausgaben (12 Bände)*. Herausgegeben von Bodo Uhse und Gisela Kisch. Fortgeführt von Fritz Hofmann und Josef Polaček, Aufbau Verlag Berlin und Weimar (1960 ff.; Neuausgabe 1992/93):

Sie erscheinen hier ungekürzt und (bis auf stillschweigende Rechtschreibkorrekturen) unverändert.

Begriffe, Namen und Ereignisse, deren Kenntnis heute nicht mehr vorausgesetzt werden kann, sind für diese Ausgabe am Ende des Buches kurz erläutert.

Zusammengestellt von Linus Guggenberger.

Bildnachweis:
Archiv Verlag Klaus Wagenbach: Frontispiz, 6, 13, 18, 21, 26, 29, 30, 43, 45, 66, 83, 89, 102, 129, 132, 135
Stiftung Deutsche Kinemathek: 76
Marcus G. Patka, Wien: 38, 115, 116

Egon Erwin Kisch wurde 1885 in Prag geboren, wo er Literatur und Geschichte studierte. Gegen Ende des Ersten Weltkriegs übersiedelte er nach Berlin, wo er seinen Ruf als »rasender Reporter« erlangte. Als Jude und bekennender Kommunist von den Nazis verfolgt, floh er aus Deutschland. In Paris engagierte er sich im antifaschistischen Widerstand, später nahm er am Spanischen Bürgerkrieg teil und emigrierte 1939 nach Mexiko. 1946 kehrte er nach Prag zurück und unterstützte dort die KP. 1948 starb Kisch in seiner Geburtsstadt. Der Chronist seiner Zeit blieb er bis zu seinem Tod.

Lesen Sie weiter...

Victor Zaslavsky Der Sprengprofessor

Kein politisches Sachbuch, keine Reportage könnte das Leben in Russland zur Zeit des Stalinismus und danach intensiver und plastischer darstellen als diese oft sehr persönlichen Lebensgeschichten.

Aus dem Italienischen bzw. Russischen von Rita Seuß und anderen
SVLTO. Rotes Leinen. Fadengeheftet. 144 Seiten

Graham Greene Heirate nie in Monte Carlo

Das alte Lied vom Glück im Spiel und vom Pech in der Liebe hat Gültigkeit. Wer seine Ehe nicht gleich in den Flitterwochen aufgeben will, sollte sich in dieser Zeit nicht vom Büroangestellten zum Millionär mausern.

Aus dem Englischen von Ernst Laue und Ilse Walter
SVLTO. Rotes Leinen. Fadengeheftet. 120 Seiten

Alan Bennett Leben wie andere Leute

Alan Bennett blickt zurück auf das Leben seiner Eltern und eine Kindheit zwischen ebenso verschrobenen wie liebenswerten Verwandten. In seinem Familienporträt erzählt er von den Hoffnungen und Enttäuschungen der Bennetts, von ihrer Sehnsucht, so zu leben wie andere.

Aus dem Englischen von Ingo Herzke
SVLTO. Rotes Leinen. Fadengeheftet. 168 Seiten mit vielen Photos

Das Lied von Jaburek erschien im Herbst 2015
als 212. *SVLTO*.

Lizenzausgabe mit freundlicher Genehmigung

Umschlaggestaltung Julie August, unter Verwendung einer Fotografie ©ullstein bild, *Egon Erwin Kisch mit Freundin beim Pferderennen in Chuchle (Kuchelbad) bei Prag, um 1910*. Gesetzt aus der Candida, Vorsatzpapier von peyer graphic gmbh, Leonberg, Leinen von G'br. Schabert, Strullendorf. Gedruckt auf chlor- und säurefreiem Papier und gebunden bei Kösel, Krugzell.

ISBN: 978 3 8031 1311 5

9 783803 113115